·刘敬儒内家拳丛书·

形意拳

刘敬儒 主编

北京体育大学出版社

策划编辑：秦德斌
责任编辑：秦德斌
责任校对：李志诚
版式设计：华泰联合

图书在版编目(CIP)数据

形意拳 / 刘敬儒主编 . -- 北京：北京体育大学出版社，2019.9（2020.11）
（刘敬儒内家拳丛书）
ISBN 978-7-5644-3192-1

Ⅰ. ①形… Ⅱ. ①刘… Ⅲ. ①形意拳—基本知识 Ⅳ. ① G852.14

中国版本图书馆 CIP 数据核字 (2019) 第 151603 号

形意拳　XINGYIQUAN　刘敬儒　主编

出版发行：北京体育大学出版社
地　　址：北京市海淀区农大南路1号院硅谷亮城2B-421
邮　　编：100084
发 行 部：010-62989320
邮 购 部：北京体育大学出版社读者服务部　010-62989432

印　　刷：北京昌联印刷有限公司
开　　本：710 mm × 1000 mm　1/16
成品尺寸：170 mm × 240 mm
印　　张：11
字　　数：194千字
印　　数：4001- 7000 册
版　　次：2020 年 1 月第 1 版
印　　次：2020 年 11 月第 2 次印刷
定　　价：39.00 元

《形意拳》编写组

主　编： 刘敬儒

副主编： 孙汝贤　贾永安　韩燕鸣　刘玉强
陆　瑶

编　委： 贾庆林　李胜利　马　力　陈映辉
陈居柏　骆元凯　乔均晓

策　划： 赵奎喜　刘玉强　邢殿和　项　争
刘　辉　翟梦纪　代海强　孙振虎
向　波　公　晨　马　斌

摄　影： 蒋天祥　冯　军

主编简介

刘敬儒，生于1936年，祖籍河北省高阳县，现任北京市八卦掌研究会顾问委员会主任。2015年被中国武术协会授予中国武术九段段位，同年被评为“北京市非物质文化遗产八卦掌代表性传承人”。2018年被评为“国家级非物质文化遗产八卦掌代表性传承人”。

1957年，刘敬儒拜著名武术家骆兴武先生为师，系统学习形意拳、程式八卦掌。骆兴武先生是八卦掌大师程廷华先生的著名弟子李文彪先生、形意拳大师李存义先生的著名弟子郝恩光先生的高足，他对八卦掌、形意拳都有很深的造诣，享誉武林。1949年，骆兴武先生在北京宣武区延寿寺街创办兴武国术社，培养了大批武术人才。

1962年，刘敬儒拜张占魁先生的弟子裘稚和先生为师，学习张氏八卦掌和螺旋拳，又师从尹福之外孙何忠祺先生（何金魁先生之子）学习尹氏八卦掌，后又拜山东黄县单香陵先生为师学习六合螳螂拳。同时，他还得到著名武术家程有信先生（程廷华先生之子）、刘谈峰先生、王文奎先生、王荣堂先生、王敷先生等多人指教，深得八卦掌、形意拳、六合螳螂拳之精要。

1963年，刘敬儒参加北京市历届武术比赛中最盛大的一次全市武术比赛，获得成年形意拳、八卦掌组的第一名；1979年，参加在广西南宁市举办的全国第一届武术观摩交流大会，荣获八卦掌金牌；1980年，在山西省太原市举办的第二届武术观摩交流大会上，再度荣获八卦掌金牌。

1980年，在北京市东城区体委领导下，刘敬儒与李秉慈、王怀、刘鸿池、马长勋等组建北京东城武术馆，持续任教十余年，培养了大批武术人才。其弟子付春梅在1981年第三届全国武术观摩交流大会上获得八卦掌金牌。

1981年，刘敬儒被聘为北京武术队八卦掌教练，其弟子戈春燕曾连续5次在全国武术比赛中获得八卦掌金牌，张红梅、壮晖、商钰等亦先后获得全国武术比赛八卦掌金牌，韩燕武、韩燕鸣、贾永安、胡耀武、孙汝贤、孔诚、任寿然、刘辉、项争等均在全国或北京市武术比赛或国际比赛中获得优异成绩。

近年来，刘敬儒致力于八卦掌、形意拳、六合螳螂拳在世界各地的传播，先后多次去希腊、意大利、法国、澳大利亚、美国、日本等国家讲学授拳，学生和弟子遍及世界各地，为形意拳、八卦掌、六合螳螂拳的发扬光大，为中国武术走向世界做出了突出贡献。其希腊弟子邓东荣深得形意拳、八卦掌之精要，并著有希腊文《八八六十四手》一书，现任希腊武术协会顾问；意大利弟子昂里克已是意大利武术协会的主要负责人之一，著有意大利文《八卦掌》一书；日本弟子古川大多次出任日本国家武术队领队或顾问，现任日本武术太极拳联盟选手强化委员会委员长；美国弟子胡耀武、刘玉、魏巍、张春娜、弗兰克艾等都学艺多年，深得形意拳、八卦掌之精要。2006年河南郑州国际武术节上，其希腊弟子朱莉娅获得女子成年组八卦掌金牌，法国学生叶荷玛获得男子成年组八卦掌和八卦子午鸳鸯钺金牌。

前　言

形意拳是中华武术宝库中的一颗灿烂夺目的明珠，与八卦掌、太极拳合称“三大内家拳”。数百年来，形意拳代代相传，名家辈出，使形意拳的拳法内容不断丰富和发展，形成了一个完整的体系。形意拳是理论严谨、功法丰富、风格独特、形神合一，融技击与养生为一体的优秀拳种，深受广大武术爱好者喜爱。2011年5月23日，形意拳经国务院批准列入第三批国家级非物质文化遗产名录。

形意拳内容丰富，有桩法、套路、对练和器械等，但五行拳和十二形是最重要的。五行是金、木、水、火、土，对应五行拳的劈拳、崩拳、钻拳、炮拳、横拳。十二形是龙形、虎形、猴形、马形、鼉形、鸡形、鹞形、燕形、蛇形、鲐形、鹰形和熊形。《新华字典》里没有鲐字，鲐就是“兔虎子”，也就是鹘。鹘属猛禽类，样子像鹰，善扑兔，故而把鲐形称为“鹘形”。形意拳把这12种动物的搏击技能融入拳法招式之中，象其形，取其意，故谓之“形意拳”。

形意拳是内家拳，在练拳的过程中应始终贯穿着外三合（肩与胯合，肘与膝合，手与足合）、内三合（心与意合，意与气合，气与力合）的练习，特别是意、气、力的合一。五行拳是形意拳的根，只有练好了五行拳，才能事半功倍地学好十二形。有些初学者只喜欢十二形，而不在五行拳上下功夫，这是典型的舍本逐末，没有五行拳的“筋骨”，十二形练得再好也只是“花架子”。

由于水平和精力有限，书中如有错误和不当之处，希望广大读者指出，并给以批评和指正，在此致以最衷心的感谢。

刘敬儒

2019年9月

本书视频资源总码

本书二维码使用说明

本书二维码教学视频资源全部指向书链网，您可以直接微信扫码观看教学视频，也可以在手机中安装书链App(客户端)扫码使用。App下载视频到手机，支持离线播放。

目 录

第一章 形意拳概述

刘敬儒演示形意拳十二形马形套路

形意拳，中国传统拳术之一。虽然起源说法不一，但被广泛认可的创始人是明末清初山西蒲州人（今永济市）姬际可。据孙禄堂先生在《形意拳学》“自序”中所述：“余尝闻吾师云，形意拳创自达摩祖师，名为内径。至宋岳武穆王发明后，元明两代因无书籍几乎失传。当明末清初之际，有蒲东诸冯人姬公先生讳际可，字隆风，武艺高超，经历有年，适终南山得岳武穆王拳谱数编，融会其精微奥妙，后传授曹继武先生。曹先生即康熙癸酉科武试联捷三元，供职陕西靖远总镇者是也。”

一、形意拳起源与发展

姬际可（1602？—1680年？），字龙峰（也有的写为龙凤、隆丰、隆风），大约生活在明朝万历年间至清朝康熙年间。相传姬际可在终南山得到岳飞所著《六合拳经》，经十余载苦心钻研，创立心意六合拳。

六合，即心与意合，意与气合，气与力合，肩与胯合，肘与膝合，手与足合。以六合为法，以五行十形为拳，以心之发动为意，意之所向为拳，故名“心意六合拳”。

姬际可曾经游河南、安徽等地，传艺给安徽秋浦（今安徽省贵池市）人曹继武。曹继武在清朝康熙癸酉年联甲三元，康熙四十年（1701 年）任陕西靖远卫副将，康熙四十五年（1706 年）任兴安总兵。晚年引退，在池州、洛阳传艺，著有《意拳十法摘要》传世，其弟子以戴龙邦、马学礼二人最为著名。

戴龙邦，山西祁县人，生活在清朝康熙至嘉庆年间。戴龙邦经过几十年锲而不舍的钻研，博采众家之长，创立戴氏心意拳。戴龙邦的主要传人有其子戴文亮（良）、侄戴文雄（熊）、其女戴文英及郭维汉等。戴文雄再传戴良栋、李洛能与其子戴仲明、戴仲举等。戴良栋再传戴奎、戴宏勋等。戴奎再传岳蕴忠、马二牛、王步昌、王映海等。之后各传人都有再传弟子，至今已历七代，此为山西戴龙邦传戴氏心意拳一支。

马学礼，河南洛阳东郊马坡村人，生活在清朝康熙至乾隆年间。马学礼的主要传人有马三元、马兴、张志诚等。之后各传人都有再传弟子，此为河南心意拳六合拳一支。

形意拳一般是指李洛能所传之拳。李洛能，直隶（河北）深州人，名飞羽，字能然，世人称之“神拳李洛能”，也称“老能先生”，著有《形意拳谱》。李洛能在山西戴家历经十年寒暑苦练，技艺大成。他在戴氏心意拳的基础上改革创新，以三体式为基本桩法，以劈、崩、钻、炮、横五行拳为基本拳法，并在十形的基础上增加鼍形和鲐形，成为十二形。

李洛能弟子众多，主要有车永宏（字毅斋）、宋世荣（字约斋）、宋世德、李广亨、刘奇兰、郭云深、刘晓兰、贺运亨、张树德、白西园、李镜斋、李太和等。从此形意拳在山西、河南、河北等地得到广泛传播，开枝散叶，各代名家辈出，在形意拳发展和完善的过程中均做出了突出贡献。

车永宏，字毅斋，武功卓著，德高望重，是山西形意拳的一代宗师。其弟子中著名者有李复贞、樊永庆、李发春、刘俭、布学宽、吕学隆、王风翔、白光普、武杰、孟天锡等。

宋世荣对形意拳进行了较大的创新与改进，创编了内功盘根、十六把、麟角刀等拳械套路，为山西宋氏形意拳体系奠定了基础。宋氏传人很多，以宋虎臣、宋铁麟、任尔琪、贾蕴高、王嗣昌、赵守任等为著。

李广亨交游甚广，许多传闻轶事，至今仍为人们所津津乐道。其弟子中著名者有 牛利、白解和、郭崇善、孟振武、田仰武、宁玉璋、李润清等。

刘奇兰弟子众多，许多形意拳名家皆出于其门下，其子刘文华（字殿琛）著有《形意拳术抉微》一书。其弟子刘锦堂、刘荣堂、李存义、张占魁、田静杰、秦月如、李毅仲等皆成名于武术界，其中李存义为河北形意拳的发扬光大做出了突出贡献。李存义传人甚广，尚云祥、郝恩光、黄柏年、王俊臣、周玉祥、“定兴三李”（李彩亭、李耀亭、李文亭）、李文豹、郭永禄、麻锡广、左振英、傅剑秋、李云山、马玉堂、赵云龙、李彬堂（李存义之子）等皆成名于武术界。

郭云深以“半步崩拳打遍天下”而著称，总结出三层道理、三步功夫、三种练法、三层呼吸、三层用法等习拳要素，论述极其精辟。郭云深一生授徒众多，以王芗斋、王福元、李奎元（殿英）、钱砚堂、许占鳌、刘永奇等最为著名。王芗斋在形意拳基础上博采众长创立意拳（大成拳），其拳法拳理均属形意拳范畴。孙禄堂师承李奎元，并得郭云深亲授形意拳，兼学程式八卦掌、武式太极拳，创孙式太极拳。

刘晓兰经营粮店、百货铺、长途运输等生意，弟子们多是经商中的骨干力量，这给河北形意拳以易州西陵为中心奠定了经济基础。孙禄堂在其所著的《拳意述真》一书中这样写道：“刘晓兰先生性喜拳术，幼年练八极拳，功夫极纯，后又拜李能然先生为师，研究形意拳术，教授门徒最多。”刘晓兰先生弟子众多，最著名的当数“三山”（刘立山、杨扶山、刘轮山）。

形意拳源于心意六合拳，始于“神拳李洛能”，而真正将形意拳发展完善的是李洛能的弟子以及再传弟子，他们在拳学上的实践与研究成果，为我们对形意拳的学习与探索，提供了取之不尽、用之不竭的史料宝库。

二、形意拳特点与内容

形意拳是以五行拳为根、十二形为本，象形取意、体用兼备、内外兼修的内家拳术。其特点主要有：①形意拳动作朴实，套路基本上是直来直去，节奏鲜明，劲力饱满，形神兼备。拳谚云：“脚打踩意不落空，消息只凭后脚蹬”“脚踏中门抢他位，硬打硬撞无遮拦。”②动作严密紧凑，发拳时拧裹钻翻，与身法、步法配合，周身上下像拧绳一样。拳谚云：“出手如钢锉，落手似钩竿。”③身正步稳，沉着稳健，宽胸实腹，气沉丹田，刚而不僵，柔而不软，劲力舒展沉实。拳谚云：“迈步如行犁，落脚如生根。”④内外合一，快速完整。形意拳要求“六合”，内外合一，手脚齐到，一发即至，一寸为先。拳谚云：“起如风，落如箭，打倒还嫌慢。”

在实战技击中，形意拳强调敢打必胜、勇往直前的战斗意识。拳谚云：“起无形，落无踪，起意好似卷地风。”在战术思想上，形意拳主张快速突然，以我为主，交手时先发制人。拳谚云：“有意莫带形，带形必不赢。”在攻防技术上，形意拳提倡近打快攻，抢占有利位置。拳谚云：“眼要毒，心要奸，脚踏中门裆里钻。”形意拳主张头、肩、肘、手、胯、膝、脚七法并用，处处可发，“远了便上手，近了便加肘；远了用脚踢，近了便加膝”，并且要求虚实结合，知己知人，相机而动，不可拘泥成法，做到“拳无拳，意无意，无意之中是真意”，方算上乘功夫。

形意拳体系完整、内容丰富，桩法主要有三体式、浑元桩等；单练套路以五行拳、十二形为根本，另外还有五行连环拳、八式拳、鸡形四把拳、十二洪捶、出入洞、杂式捶等；对练套路有五行相克、三手炮、五花炮、安身炮、九套环等；器械套路有五行连环刀、五行连环剑、五行连环枪、五行连环棍、三合刀、三合剑、三才剑、龙形刀、龙形剑、进退六剑、六合大枪等。

老前辈们说："形意拳是先有拳而后有器械，有何拳套路就有何器械套路。"有劈拳就有劈刀，有钻拳就有钻刀，有崩拳就有崩刀，有炮拳就有炮刀，有横拳就有横刀，有五行连环拳就有五行连环刀、五行连环剑、五行连环枪、五行连环棍。形意拳器械套路与形意拳拳法一样，都具有象形取意、形神合一、注重实战的特点。

三、形意拳拳理与拳论

形意拳有一个从功法到技法的理论体系。无论是初学还是深入研究，练习形意拳的成效，都与对理论的理解和运用密切相关，脱离了理论与实践的结合，练出来的拳式或者错误或者是空架子，更谈不上功夫了。这里只摘录一部分必须记住和应该掌握的经典拳论供读者参考。不要认为这只是一些呆板的教条，而是要去学习它，理解它，时时刻刻用它指导自己练功夫。摘录如下。

（一）李洛能《形意拳谱》（节选）

序

形意拳术之始，本乎天地之大端与夫造化之原理，盖天地之辟于一无气也，万物之生于无知，形意之成本于无意。盖无意至极生有意，意诚心正，乃至于静，静则察候六脉、溶暇二气，静极生动，动而震发四肢，贯通百骸，是谓先天存乎静，后天藏诸动也。故意为体而形为用，静属阴而动属阳，体用动静得阴阳消长生生之功，而真一之气生焉。

孔子曰："冬至养其阳，夏至养其阴，吾善养吾浩然之气。"此皆修养正气之谓也。盖形意拳之原理，则培养天一之道，由后天而达于先天也。重阳不重阴，太刚必折；重阴不重阳，过柔不坚；刚柔相济，乾坤之道乃成。

古之传斯术者，多以心法口授，缺少记载，使后学者茫然不知途径，须以涵养正气为先，以为之序。

又序

盖夫体育一途，创自达摩老祖师，迢至宋朝岳飞，又精研内经之意义，化生五行十二形之原理，因名为形意拳，总合五纲十二目，统一全体之功用。在内为意，在外为形，是术乃修身之原本，明心见性还原之大道，搅阴阳之造化，转乾坤之枢机，诚强身之捷径也。

十二形实本天地万物化生之理，取世间禽兽之具有特能者，妙效其性能，摹效时久，自能精神入体。

形意拳术实与卫生关系至切，如能长习，则疾者能愈，弱者能强，男女老少皆可练习，既无折腰屈膝之痛苦，又无跃高纵险之危劳，斗室席地、长衣缓带也可演习，虽属武术，迹近文雅。

练习时身体分阴阳，以前心为阴，脊背为阳；手心为阴，手背为阳；大指朝上为阴阳掌；以右肩在前或左肩在前，皆为阴阳身；拳虎口朝上为阴阳拳。

初学入门规矩

练习拳术，不可自专自用而固执不通，如专求力，则凝滞不灵；专求重，则沉重不活；专求气，则拘泥不通；专求轻浮，则神意涣散。要而言之，身外形顺者，无形中自增力气；身内中和者，无形中自生灵气。如练至功深圆满之时，凝神于丹田，则身重于泰山；化神成虚空，则身轻如鹅羽，所以练习不可固执一端也。果得其妙道，也是若有若无，若实若虚，勿忘勿助之意，不免而中，不思而得，从容中道，无形中而生，诚神奇也。

练拳忌三害

初学武术，谨当切记三害。三害不明，足以伤身。明者自能得道。三害者：一拙力，二努气，三挺胸拔腹是也。如练拙力，则四肢百骸、血脉不能流通，筋络不能舒畅，全身发拘，手足不能活泼，身为拙气所滞，滞于何处，何处成病；练时努气，则太刚易折，胸内气满，肺为气所排挤，易生满闷肺炸之诸症；若挺胸拔腹，则气逆上行，终不能归于丹田，两足似萍草无根。例如心君不和，百官必失其位。拳法亦然，若不得中和，则万法也不能至中立地步。故练习之时，谨记三害，用以力活气顺，虚胸实腹而道心生，练之设能如此，久而久之，自然能练至化境也。

呼吸合道

夫人以气为本，以心为根，以息为元，以肾为蒂，天地相去八万四千里，人之心肾相离八寸四分，一呼百脉皆开，一吸百脉皆闭，天地化工流行，亦不出乎呼吸二字。且呼吸之法，分有三节道理：初节道理，乃是色身上事，即练拳术之准绳，呼吸任其自然，有形于外，谓之调息，亦谓练精化气之功夫；二节道理，谓之身法上事，呼吸有形于内，注意丹田，谓之息调，亦谓之练气化神之功夫；三节道理，乃是心肾相交之内呼吸，无形无象，绵绵若存，似有非有，无声无臭，谓之胎息，也就是化神还虚之功夫。呼吸有三节道理，拳术有三步功夫，谓之明劲、暗劲、化劲是也。明劲者，拳内之法，伸缩开合之势，有形于外；暗劲者，动转神速，动则变，变则化，变化神奇，有形于内；化劲者，无形无象之手法，不见而章，不动而变之神化也。此三步功夫是练拳术之根本实际之道理，也谓之练术合道之真诀，知此道理，可谓之性命双修也。

三步功夫

易骨者，明劲也。练时身体动转必须顺逆，而不可悖逆，手足起发必须整齐，不可散乱，为之筑基壮体，充足骨髓，坚如金石，而气质形容如山岳之壮，谓之初步功夫。

易筋者，暗劲也。练时神气圆满，形式绵绵，舒展应用，活泼不滞，为之长筋腾膜，全身筋络伸展，纵横联络，而生无穷之力，此谓之二步功夫。

易髓者，化劲也。练时周身运转、起落、进退、伸缩、开合不用力，将神意蛰藏于祖窍之内，身体圆活无滞，形如流水，其心空空洞洞而养灵根，此谓之三步功夫。

五行名称

五行者，金、木、水、火、土也。内有五脏，外有五官，皆与五行相配。心属火，肝属木，肺属金，肾属水，脾属土，此五行隐于内者。舌通心，目通肝，耳通肾，鼻通肺，人中通脾，此五行著于外者也。五行相生之道：金生水，水生木，木生火，火生土，土生金。又有相克之义：木克土，土克水，水克火，火克金，金克木，此五行相克也。五行相生，变化无穷；五行相克，为破他人之手势。盖拳术取名之义，基在此矣。取诸于身，则使五脏充实，而全体无亏，运用在外，能使体舒和畅；运用在内，能使清气上升，浊气下降，坚实其内，整饰其外，以为平时练习规则。

形体合一

《易》云：两仪生四象，四象生八卦，八八六十四卦之数，皆从太极分散而来。太极者，天性之命，即人之心意也。意者，心之所发也。人为万象之灵，能感通诸事之应，是以心在内而理周乎物，物在外而理具于心，是故心意诚于中，而万物形于外。在内为意，在外为形，合于术数。近取诸身，内为五行；远取诸物，外为十二形。内外相合，而形生焉。明故其理，则天地万物形体合一也，皆可默悟矣。

六合为一

心与意合，意与气合，气与力合，为内三合也；手与足合，肘与膝合，肩与胯合，外三合也。内外如一，谓之六合。左手与右足相合，左肘与右膝相合，左胯与右肩相合，右者与左也然，以及头与手合，手与身合，身与步合，心与眼合，肝与筋合，脾与肉合，肺与皮合，肾与骨合。总而言之，一合无一不合，一动无一不动，五行百骸，悉在其中矣。

三节合一

三节者，根、中、梢也。以人言之，头为梢节，身为中节，腿为根节；以头言之，天庭为梢节，鼻为中节，地阁为根节；以身言之，胸为梢节，腹为中节，丹田为根节；以下部言之，足为梢节，膝为中节，胯为根节；以手言之，指为梢节，掌为中节，腕为根节。换而言之，人之一身，无处不有三节。三节之动，不外起、随、催三字而已。梢节起、中节随、根节催，无有长短、曲直、参差、俯仰之病。三节之所以贵明，故分而有三，合而为一也。

四梢三心归一

盖人之一身有四梢，曰：血梢，肉梢，筋梢，骨梢是也。

此四梢者一动，而能变化其常态。发为血梢，属心，心怒气生，气冲血动，血轮发转，精神勇敢，毛发虽微，怒能冲冠，气足血旺，力能撼山；爪为筋梢，属肝，手足之功，手抓足蹬，气力兼并，爪生奇功；齿为骨梢，属肾，化精填骨，骨实齿坚，保齿之道，最忌热凉，冷冬炎夏，唇包齿藏，年迈耆老，上下成行；舌为肉梢，属脾，脾醒舌灵，胃健肉长，坤田气壮，肌肉成锱，充实脏腑，刚柔悠扬。

三心者，手心、足心及心是也。用之手心要扣，足心要玄，人心要灵。明乎四梢增神力，明乎三心生灵气，四梢三心要合全，精神勇撼力推山，气浮心意随时用，硬打硬碰无遮拦。遇敌要取胜，成功须放胆，四梢三心归一体，还用灵活一混元。

步法手法五恶

步法者，寸步、垫步、剪步、快步是也。一尺远近，则用寸步；三五尺远，则用垫步；六七尺远，则用剪步；丈八尺远，则用快步。步法中为快步最难，是起前足，则后足平飞而去，如马之奔，如虎之践。

步法者，足法也。足之要义，是起翻落钻，起者如手上翻之撩阴；落钻如石之沉水。夫足之进忌踢，进则用踩，踩者如鹰之捉物也。

手法者，单手双手是也。单手起，往上长身而钻；往下落，缩身而翻，形如鹞子穿林，束身而起，展身而飞。双手上起，两肱似直非直，似曲非曲，形如举鼎；手落，似猛虎搜山。然其要者有五恶：即抓、扑、裹、抖、舒也。

拳经云：抓为毒，扑如虎，形似猫扑鼠；裹为护，身不露，敌来吾先顾；抖要绝，力舒展，打倒还嫌慢；心要毒，手如弩，出手如蛇毒。总而言之，手不离足，足不离手，手足不能离身。分而言之则万法，合而言之则归一气。三回九转是一势，正此之谓也。

上法以手足为妙，进步以手足为奇，以身为纲领，其运用进身而发势，三节要明，四梢要齐，内五行要合，外五行要随，远近应时而用，心一动而即至，其理法行于外，发著于六合之远，承上接下，势如连珠箭，何虑他有邪术！知此道理，神奇技也。

战手要法

二人初见面，未交手前，要凝神聚气，审查敌人五行之虚实（精神体格），注意敌人之动静，站近敌人之身旁，成三角斜形式，占左进右，上右进左，进步退身，灵活要快，形似蛟龙翻浪。发拳要攥紧，拳紧增气力；发掌要扣手心，掌扣气力加。三节四梢要相齐，心要虚空而狠毒，不毒无名，俗云：人无伤虎心，虎生食人意。

气要上下三田联络往返，精气方能灌溉四肢，以心为主宰，以眼为统帅，以手足为先锋，不贪，不歉，不即，不离，胆要大，心要细，面要善，心要毒，静似书生，动似雷鸣。审查来人之形势，彼刚我柔，彼柔我刚，刚柔相济。进步发拳，先占中门，肘不离肋，手不离心，束身而起，长身而落，随高打高，随低就低，远发手足，近发肘膝，上打咽喉下撩阴，左右两肋在中心，发手莫有形，身动勿有势，操演时面前似有人，交手时面前似无人。

拳经云：打法须要先上身，足手齐到方为真。身似蛟龙，拳打烈炮，遇敌好似火烧身。起无形落无踪，手似毒箭，身如弩弓，消息全凭后足蹬，进退旋转灵活妙，五行一动如雷声，风吹浮云散，雨打尘灰净，五行合一处，放胆必成功。

形意摘要

一要塌腰，二要垂肩，三要扣胸，四要顶，五要提，六要横顺知情，七要起钻落翻分明。塌腰者，尾闾上提，而阳气上升督脉之理，又谓之开督。垂肩者，肩垂则气贯肘，肘垂则气贯手，气垂则气贯丹田。扣胸者，开胸顺气，而通任脉之良箴，能将精气上通泥丸，中通心肾，下通气海，而至于涌泉。顶者，头顶、舌顶、手顶是也。头顶而气冲冠，舌顶而吼狮吞象，手顶而力推山。提者，谷道内提也，古人云：“紧撮谷道内中提，明月辉辉头上飞”，而又谓之醍醐灌顶，欲得不老，还精补脑。横者，起也；顺者，落也；起者钻也，落者翻也，起为钻，落为翻。起为横之始，钻为横之终；落为顺之始，翻为顺之终。头顶而钻，头缩而翻，手起而钻，手落而翻，足起而钻，足落而翻。腰亦然，起横不见横，落顺不见顺，起是去落是打，起亦打，落亦打，起落如水之翻浪，方是真起落也。无论如何，起钻落翻，往来总要肘不离肋，手不离心，出洞入洞紧随身。手起如钢锉，手落似钩竿，起者进也，落者退也，未起如摘字，未落如坠字，起如箭，落如风，追风赶月不放松，起如风落如箭，打倒还嫌慢。足打七分手打三，五营四梢要合全，气浮心意随时用，硬打硬碰无遮拦，打人如走路，视人如蒿草，胆上如风响，起落似箭钻，进步不胜，必有怯敌之心，此是初步明劲，有形有象之用也。至暗劲之时，用法更妙，起似蛰龙升天，落似霹雳击地，起无形落无踪，去意好似卷地风，起不起何用再起，落不落何用再落，低之中望为高，高之中望为低，打起打落，如水之翻浪，不钻不翻，以寸为先，足打七分手打三，五营四梢要合全，气浮心意随时用，打破身势无遮拦，此是二步暗劲，有无穷之妙用也。

拳无拳意无意，无意之中是真意，拳打三节不见形，如见形影不为能，随时而发，一言一默、一举一动、行止坐卧，以至于饮食茶水之间，皆可能用，或有人处，或无人处，无处不用，所以无入而不自得，无往而不得其道，以致寂然不动，感而遂通，无可无不可，此是三步化劲，神化之功用也。然而所用三步功夫，虚实奇正，也不可专有意用于奇正虚实。虚者并非专用于彼，己手在彼之上，用劲拉回，落如钩竿，谓之实；彼手不着我之手，用劲将彼手拉回谓之虚。并非专用意于虚实，是在人之形势感触耳。奇正之理亦然，奇无不正，正无不奇，奇中有正，正中有奇，奇正之变化，如循环之无端，所用无穷也。拳经云：拳去不空回，空回非奇拳，正此之意也。学者深思格物此理，而要义得矣。

（二）郭云深论“三步功夫”

郭云深先生说：“形意拳有三层道理，有三步功夫，有三种练法，有三层呼吸，有三层用法。”这是对形意拳的巨大贡献，是我们练习形意拳的真谛，永远值得我们学习、理解和运用。

三层道理

练精化气，练气化神，练神还虚，练之以变化人之气质，复其本然之真也。

三步功夫

易骨者，明劲也。练之总以规矩不可易，身体动转要和顺而不可乖戾，手足起落要整齐而不可散乱。拳经云“方者以正其中”，即此意也。

易筋者，暗劲也。练之神气要舒展而不可拘，运用要圆通活泼而不可滞。拳经云“圆者以应其外”，即此意也。

易髓者，化劲也。练之周身四肢动转，起落、进退皆不可着力，专以神意运用之。虽是神意运用，唯形式规矩仍如前二种不可改移。虽然周身动转不着力，亦不能全不着力，总在神意之贯通耳。拳经云“三回九转是一式”，即此意也。

三种练法

明劲者，即拳之刚劲也。易骨者，即练精化气易骨之道也。易骨者，是拳中之明劲，练精化气之道也。将人身中散乱之气，收纳于丹田之内，不偏不倚，和而不流，用九要之规模锻炼，练至于六阳纯全，刚健之至，即拳中上下相连，手足相顾，内外如一。至此，拳中明劲之功尽，易骨之劲全，练精化气之功亦毕矣。

暗劲者，拳中之柔劲也（柔与软不同：软中无力，柔非无力也），即练气化神、易筋之道也。拳经云：“脚打采意不落空”，是前足；“消息全凭后脚蹬”，是后足；“马有迹蹄之功”，皆是言两足之意也。两足进退，明劲、暗劲两段之步法相同。

唯是明劲则有声，暗劲则无声耳。

化劲者，即练神还虚，亦谓之洗髓之功夫也，是将暗劲练到至柔至顺，谓之柔顺之极处，暗劲之终也。丹经云："阴阳混成，刚柔悉化，谓之丹熟。"柔劲之终，是化劲之始也。所以再加上功夫，用练神还虚，至形神俱杳，与道合真，以至于无声无臭，谓之脱丹矣。拳经谓之"拳无拳，意无意，无意之中是真意"，是谓化劲。

三层呼吸

第一层练拳术之呼吸，将舌卷回，顶住上腭，口似开非开，似合非合，呼吸任其自然，不可着意于呼吸，因手足动作合于规矩，是为调息之法则，亦即练精化气之功夫也。

第二层练拳术之呼吸，口之开合、舌顶上腭等规则照前，唯呼吸与前一层不同。前者手足动作是调息之法则，此是息调也。前者口鼻之呼吸，不过借此以通乎内外也。此二层之呼吸着意于丹田之内呼吸也，又名胎息，是为练气化神之理也。

第三层练拳术之呼吸，与上两层之意又不同。前一层是明劲，有形于外，二层是暗劲，有形于内。此呼吸虽有而若无，勿忘勿助之意思，即是神化之妙用也。心中空空洞洞，不有不无，非有非无，是为无声无臭，还虚之道也。

此三种呼吸为练拳术始终本末之次序，即一气贯通之理，自有而化无之道也。

三层用法

有有形有相之用，有有名有相无迹之用，有有声有名无形之用，有无形无相无声无臭之用。

拳经云："起如钢锉（起者去也），落如钩杆（落者回也）。未起如摘子，未落如坠子。起如箭，落如风，追风赶月不放松。起如风，落如箭，打倒还嫌慢。足打七分手打三，五行四梢要合全。气连心意随时用，硬打硬进无遮拦。打人如走路，看人如蒿草。胆上如风响，起落似箭钻。进步不胜，必有寒食之心。"此是初步明劲，有形有相之用也。

到暗劲之时，用法更妙："起似伏龙登天，落如霹雷击地。起无形，落无踪，起意好似卷地风。起不起，何用再起；落不落，何用再落。低之中望为高，高之中望为低。打起落如水之翻浪。不翻不钻，一寸为先。脚打七分手打三，五行四梢要合全。气连心意随时用，打破身式无遮拦。"此是二步暗劲，形迹有无之用也。

拳无拳，意无意，无意之中是真意。拳打三节不见形，如见形影不为能，随时而发；一言一默，一举一动，行止，坐卧，以致饮食、茶水之间，皆是用；或有人处，或无人处，无处不是用，所以无人而不自得，无往而不得其道，以致寂然不动，感而遂通也。此皆是化劲神化之用也。

然而所用之虚实奇正，亦不可专有意用于奇正虚实。虚者，并非专用虚于彼。

己手在彼手之上，用劲拉回，如落钩竿，谓之实；己手在彼手之下，亦用劲拉回，彼之手挨不着我的手，谓之虚。并非专有意于虚实，是在彼之形式感触耳。奇正之理亦然：奇无不正，正无不奇，奇中有正，正中有奇，奇正之变，如循环之无端，所用不穷也。拳经云："拳去不空回，空回总不奇。"是此意也。

（三）形意拳要论

形意拳要论是历代前辈传下来的，主要论述形意、一气、两仪、三体、四法、五纲、六合、七疾、七顺、八要、八字诀、九歌，是我们练习形意拳的总纲要，要时时刻刻用它来指导自己练功。抄录如下。

形意说

形者，形象也。意者，心意也。人为万物之灵，能感通诸事之应，是以心在内，而理周乎物，物在外，而理具于心。意者，心之所发也，是故心意诚于中，而万物形于外，内外相感，不外一气之流行，故达摩祖师本之，而创是拳，其旨在养气，在益力，动作简而功用无穷，故名之曰形意拳也。

一气

一气者，虚无含一气也。虚无者，无形之势也。无极者，含一混沌不分之气也。此气乃是先天真一之祖气，氤氲无形，其中含一点生机，名为先天之本，性命之源，生死之道，天地之始，万物之祖，阴阳之母，四象之根，八卦之蒂。此乃无极。太极之发源也。无极者，无形无意，而其中却含有一气，其气流行宇内，无所不至，而生机萌焉。名曰"一气"，亦曰"先天真一之气"。由是气而生两仪，而天地始分，阴阳始判，人类亦于是乎产生。故是气也，实为人类性命之根，造化之源，生死之本。人能养是气而保之弗失，则长生，斫丧之而听其淡散，则夭死。形意拳者，是以后天人为之锻炼，参阴阳，合造化，欲旋乾转坤，由后天返先天，保养是气，而使之登于寿域者也。故是拳虽变化万端，玄妙百出，若概括言之，总不外乎练气二字而已。

两仪

两仪者，由一气而生，即天地也，亦即阴阳也。独阳则不生，孤阴则不长，阴阳酝酿而万物化生，此天地自然之理也。人生亦一小天地也，凡四体百骸，一举一动，无一不可以阴阳分之。阴阳和，则体健而动作顺遂；阴阳乖，则体弱而举动失措。盖阴阳由"先天真一之气"而生，然欲养此先天真一之气，而保持不失，亦必先自阴阳调和始，此习形意拳者不可不知两仪者也。如以人体言：肩，阳也，胯，阴也，肩与胯须相合，即阴阳相合也；肘，阳也，膝，阴也，肘与膝须相合，即阴阳相合也；手，阳也，足，阴也，手与足须相合，即阴阳相合也。以动作言：伸，阳也，缩，阴也，起，阳也，落，阴也，伸缩自然，起落合度，亦即阴阳相合之谓也。阴中有阳，阳中有阴，阴极则生阳，阳极则生阴，错综变化莫可端倪，学者须体会其意而明辨之可也。

三体

三体者，天地人三才之象也。在拳中为头、手、足是也。三体又各分为三节，而内外相合。头为根节，在外为头，在内为泥丸是也。脊背为中节，在外为脊背，在内为心是也。腰为梢节，在外为腰，在内为丹田是也。又如肩为根节，肘为中节，手为梢节。胯为根节，膝为中节，足为梢节。是三节之中，又各有三节也。此理乃合于六书之九数。丹书云“道自虚无生一气，便从一气产阴阳，阴阳再合成三体，三体重生万物张”，此之谓也。

四法

形意拳四法：一曰身法，二曰手法，三曰脚法，四曰步法。

身法：不可前栽后仰，不可左斜右歪，往前一直而进，向后一直而退。

手法：其劲在腕，其力在指，转动灵活，开合自如。

脚法：脚起而钻，脚落而翻，不钻不翻，一寸而先。

步法：又有寸步、疾步、钻步三法。寸步者，即张身用寸力催逼而进，后足一蹬，前足自进，不必换步。疾步者，马形步也，其要全在后足用力，所谓消息全凭后足蹬也。钻步者，一足放直前进，后足随之。步法除寸、疾二步外，钻步最为普通，在三步中尤称最要者也。

五纲

五纲者，金、木、水、火、土五行，在拳为劈、崩、钻、炮、横五拳，在内为肺、肝、肾、心、脾五脏。

劈拳者，五行属金而养肺。其劲顺，则肺气和。夫人以气为主，气和则体自壮也。崩拳者，五行属木，能舒肝，是一气之伸缩也。其拳顺，则肝平而长精神，强筋骨，壮脑力。钻拳者，五行属水，能补肾。其气之行，如水之曲曲而流，无微不至也。其气和，则肾足，清气上升，浊气下降。炮拳者，五行属火，能养心，是一气之开合，如炮炸裂也。其气和，则心中虚灵，身体舒畅。横拳者，五行属土，能养脾和胃，是一气之团聚也。其形圆，其性实，其气顺，则五行和而百物生焉。

劈拳之形似斧，故属金。崩拳之形似箭，故属木。钻拳之形似电，故属水。炮拳之形似炮，故属火。横拳之形似弹，故属土。相生：劈拳生钻拳，钻拳生崩拳，崩拳生炮拳，炮拳生横拳，横拳生劈拳。相克：劈拳克崩拳，崩拳克横拳，横拳克钻拳，钻拳克炮拳，炮拳克劈拳。

六合

六合者，内外三合之统称也。内三合指心与意合，意与气合，气与力合。外三合指手与足合，肘与膝合，肩与胯合。形意拳最重要之点，在一合字。动作合，则姿势正而获其益，动作不合，则姿势乖而气力徒劳，不可不知也。所谓合者有六。身无偏倚，不可歪斜，心平气和，意不他动，动作自然，谓之心与意合，意与气合，气与力合。此内三合也。动作时两手扣劲，两足后跟向外扭劲，是曰手与足合；两肘往下垂劲，两膝往里扣劲，是曰肘与膝合；两肩松开抽劲，两胯里根抽劲，是曰肩与胯合。此外三合也。总名之曰六合。

学者能熟知六合之法，则练习时自能触类旁通，而一举一动，无不合法。盖内三合之外，还须心与眼合，肝与筋合，脾与肉合，肺与身合，肾与骨合；外三合之外，尚须头与手合，手与身合，身与步合也。观此可知形意拳动作之间，无论内外莫不有阴阳之分，即莫不寓有互相联合之理，学者当体会及之。

七疾

七疾者，眼要疾，手要疾，脚要疾，意要疾，出势要疾，进退要疾，身法要疾也。习拳者具此七疾，方能完全制胜。所谓纵横往来，目不及瞬，有如生龙活虎，令人不可捉摸者，唯恃此耳。

眼要疾：眼为心之苗，目察敌情，达之于心，然后能应敌变化，取胜成功。谱云："心为元帅，眼为先锋。"一盖言心之主宰，均恃眼之迟疾而转移也。

手要疾：手者，人之羽翼也。凡捍蔽进攻，无不赖之。但交手之道，全恃迟速，迟者负，速者胜，理之自然。故俗云："眼明手快，有胜无败。"谱云："手起如箭落如风，追风赶月不放松。"亦谓手法敏疾，乘其无备而攻之，出其不意而取之，不怕敌之身大力猛，我能出手如风，即能胜之也。

脚要疾：脚者，身体之基也。脚立稳则身稳，脚前进则身随之。形意拳中浑身运力平均，无一处偏重，脚进身进，直抢敌人之位，则彼自仆。谱云："脚打踩意莫容情，消息全凭后足蹬，脚踏中门抢他位，就是神手也难防。"又曰："脚打七分手打三。"由是观之，脚之疾更当疾于手之疾也。

意要疾：意者，体之帅也。既言眼有监察之精，手有拨转之能，脚有行逞之功，然其迟速紧慢，均唯意之适从，所谓立意一疾，眼与手脚均得其要领。故眼之明察秋毫，意使之也；手出不空回，意使之也；脚之捷，亦意使之捷也。观乎此，则意之不可不疾可知矣。

出势要疾：夫存乎内者为意，现乎外者为势，意既疾矣，出势更不可不疾也。事变当前，必势随意生，随机应变，令敌人迅雷不及掩耳，张皇失措，无对待之策，方能制胜。若意变甚速，而势疾不足以随之则应对乖张，其败必矣。故意势相合，成功可决，意疾势缓，必负无疑。习技者可不加之意乎？

进退要疾：此节所论，乃纵横往来进退反侧之法也。当进则进，竭其力而直前，当退则退，领其气而回转。至进退之宜，则须察乎敌之强弱，强则避之，宜以智取，弱则攻之，可以力敌。要在速进速退，不使敌人得乘其隙，所谓“高低随时，纵横因势”者是也。

身法要疾：形意武术中凡五行、六合、七疾、八要等法，皆以身法为本。谱云：“身如弩弓拳如箭”“上法须要先上身，手脚齐到方为真。”故身法者，形意拳术之本也。摇膀活胯周身辗转，侧身而进，不可前俯后仰，左歪右斜。进则直出，退则直落，尤必顾到内外相合，务使其周身团结，上下如一，虽进退亦不能破散，则庶几不可捉摸，而敌不得逞，此所以于眼疾手疾等外，而尤贵乎其身疾也。

七顺

肩要催肘，而肘不逆肩。肘要催手，而手不逆肘。手要催指，而指不逆手。腰要催胯，而胯不逆腰。胯要催膝，而膝不逆胯。膝要催足，而足不逆膝。首要催身，而身不逆首。心气稳定，阴阳相合（凡人四体百骸，伸之则为阳，缩之则为阴），上下相连，内外如一，此之谓七顺。

八要

八要者何？即内要提、心要并、意要连、行要顺、梢要齐、心要暇、尖要对、眼要毒是也。

内要提：紧撮谷道提其气，使上聚于丹田，复使聚于丹田之气，由背骨而直达于脑顶，周流往返，循环无端，即所谓“紧撮谷道内中提”也。

心要并：顶心往下，脚心往上，手心往回也。三者所以使气会于一处。盖顶心不往下，则上之气不能入于丹田；脚心不往上，则下之气不能收于丹田；手心不往回，则外之气不能缩于丹田。故必三心一并，而气始可归于一也。

意要连：心意、气意、力意三者连而为一，即所谓内三合也。此三者以心为谋主，气为元帅，力为将士。盖气不充，则力不足，心虽有谋，亦无所用，故气意练好，而后可以外帅力意，内应心意，而三意之连，尤当以气为先务也。

行要顺：外五行为五拳，即劈、崩、炮、钻、横是也。内五行为五脏，即心、肝、脾、肺、肾是也。外五行之五拳，变化应用，各顺其序，则周中规，折中矩，气力之所到，而架势即随之架势之所至，而气力即注之。气力充，则架势为有用，架势练而气力乃愈增。故五行要顺者，即所以顺气也。

梢要齐：舌要顶，齿要叩，手指、脚趾要扣，毛孔要紧也。夫舌顶上嗓，则津液上注，气血流通；两齿紧叩，则气贯于骨髓；手指、脚趾内扣，则气注于筋；毛孔紧，则周身之气聚而坚。齐之云者，即每一作势时，舌之顶，齿之叩，手指、脚趾之扣，毛孔之紧，一齐如法，为之无先后迟速之分。盖以四者如有一缺点，即气散而力怠，便不足以言技也。

心要暇：练时心中不慌不忙之谓也。夫慌有恐惧之意，忙则有急遽之意，一恐惧则气心馁，一急遽则气必乱，馁乱之时，则手足无所措矣。若平日无练习之功，则内中亏虚，遇事怯缩，临敌未有不恐惧、不急遽者。故心要暇，实与练气相表里也。

尖要对：鼻尖、手尖、脚尖相对也。夫手尖不对鼻尖，偏于左，则右边顾法空虚， 偏于右，则左边顾法空虚。手与脚、脚与鼻不对，其弊亦同。且三者如偏斜过甚，则周身用力不均，必不能团结如一，而气因之散漫。顶心虽往下，而气不易下行；脚心虽往上，而气不易上收；手心虽往回，而气不易内缩，此自然之理也。故三尖不对，实与练气有大妨碍也。

眼要毒：谓目光敏锐而有威也。毒字即寓有威严疾敏之意，非元气充盈者，不能有此。盖习拳术不外乎练气、练力。练力可以健身体，练气可以长精神。功夫深者，能丹田凝聚，五脏舒展，此人之精神必灵活，脑力必充足，两耳、口鼻等官，必能各尽其用，而目光必神采奕奕，光芒射人，是即所谓毒也。

八字诀（八势）

八字者，顶、扣、圆、敏、抱、垂、曲、挺是也。

三顶：头宜上顶，有冲天之雄，头为六阳之首，周身之主，上顶则三关通，引肾气上达泥丸以养性。手掌外顶，有推山之功，则气贯周身，力达四肢。舌宜上顶，有吼狮吞象之容，能导上升之肾气下行归入丹田以固命。

三扣：两肩要扣，则前胸空阔，气力到肘。手背足背要扣，则气力到手，桩步力厚。牙齿要扣，则筋骨紧缩，浑身力凑。

三圆：脊背要圆，气力催收，尾闾中正，精神灌顶。前胸要圆，两肘力全，心窝微收，呼吸通顺。虎口要圆，勇猛外宣，则身力到手。

三敏：心要敏，如怒狸扑鼠，则能随机应变。眼要敏，如鹰之捉兔，则能预查机宜。手要敏，如饿虎扑羊，则能先发制人。

三抱：丹田要抱，气不外散，击敌必准。心气要抱，遇敌有主，临危不惧。两肋要抱，出入不乱，遇敌无险。

三垂：气要垂，则气降丹田，身稳如山。两肩下垂，则臂长而活，肩催肘前。两肘下垂，则两肱自圆，能固两肋。

三曲：两肱要曲，弓如半月则力富。两膝要曲，弯如半月则力厚。两腕要曲，曲如半月则力凑。

三挺：颈项要挺，则头部正直，神气灌顶。脊柱腰部要挺，则力达四梢，气鼓全身。膝盖要挺，则气恬神怡，如树生根。

八字诀之外还要明起落，盖起为钻，落为翻，起为横，落为顺，起为横之始，钻为横之终，落为顺之始，翻为顺之终。手起而钻，手落而翻，足起而钻，足落而翻。起是去，落是打，起亦打，落亦打，勿论如何起落钻翻往来，总要肘不离心，此形意拳之所以注意之姿势也。

九歌

身：前俯后仰，其式不劲。左侧右攲，皆身之病。正而似斜，斜而似正。
肩：头宜上顶，肩宜下垂。左肩成拗，右肩自随。身力到手，肩之所为。
臂：左臂前伸，右臂在肋，似曲不曲，似直不直，过曲不远，过直少力。
手：右手在齐，左手齐胸。后者微塌，前者力伸，两手皆覆，用力宜匀。
指：五指各分，其形似钩，虎口圆满，似刚似柔。力须到指，不可强求。
股：左股在前，右股后撑，似直不直，似弓不弓，虽有直曲，每见鸡形。
足：左足直前，斜侧皆病。右足势斜，前踵对胫，随人距离，足趾扣定。
舌：舌为肉梢，卷则气降。目张发耸，丹田愈沉，肌容如铁，内坚腑脏。
臀：提起臀部，气贯四梢。两腿缭绕，臀部肉交，低则势散，故宜稍高。

（四）技击心法

头打落意随足走，起而未起占中央。脚踏中门抢他位，就是神仙亦难防。
肩打一阴反一阳，两手只在洞中藏。左右全凭盖势取，束展二字一命亡。
拳打三节不见形，如见形影不为能。气连心意随时用，打破身式无牵连。
打法定要先上身，手脚齐到方为真。拳如炮形龙折身，遭敌好似火烧神。
肘打去意占胸膛，起手好似虎扑羊。或在里拨一旁走，后手只在肋下藏。
把打起落手头挡，降龙伏虎霹雳闪。天地交合云遮月，武艺相战蔽日光。
胯打中节并相连，阴阳相合得之难。外胯好似鱼打挺，里胯藏步变势难。
尾打落意不见形，猛虎坐窝藏洞中。背尾全凭精灵气，起落二字自分明。
膝打几处人不明，好似猛虎出木笼。和身辗转不停势，左右明拨任意行。
脚打踩意不落空，消息全凭后脚蹬。与人交手无计备，去意好似卷地风。
足打七分手打三，五行四梢要合全。气浮心意随时用，硬打硬碰无遮拦。
腹打去意要占阴，好似返弓一力精。丹田久练灵根本，五行合一见奇能。

能在一思尽，莫在一思存，能在一气先，莫在一气后。

四、形意拳练法与步骤

（一）形意拳学练方法

1. 明师出高徒

拜明师非常重要，注意“明师”不等于“名师”。名师是指功夫好、名声显赫的武术家，但他不一定能教出好徒弟。“明师”不一定有名气，但他通晓拳理，深诣拳法，能教出好徒弟，所以说“明师出高徒”。当然能够拜个既是明师又是名家的德艺双馨的好师父那就更有幸了。他不仅能教，还能示范，还能陪你练，使你的功夫练得更好，技艺早成，是人生之幸啊！

2. 认真领悟歌诀和拳论

要认真学习、理解、钻研、掌握形意拳的歌诀和拳论。对本书摘录的功法要论要认真揣摩和研究。有些内容，如六合、七疾、七顺、八要、九歌必须熟背，并透彻领悟其中的精义。这些都是历代形意拳前辈的精心之作，是我们练习形意拳的指南，是功法真谛，是真经，丝毫轻视马虎不得。我们在练功的每时每刻、每一举手投足都要严格地遵照执行，这样才能练出真正的形意拳功夫。否则，必走弯路，事倍功半，费力不讨好，甚至练出病来！

3. 外三合与内三合内外合一

外三合是手与足合、肘与膝合、肩与胯合，内三合是心与意合、意与气合、气与力合，内外合一谓“六合”。“六合”是形意拳最主要的功法特点，是形意拳的功法精髓。练习形意拳不能做到“六合”，那就不是形意拳了，只能算形意体操了。

外三合中的肘与膝合、肩与胯合是随手足合而合的，但手足齐至很不容易。我经常看到有的人手到脚未到或脚到手未到，不能相合，这是大毛病，必须努力纠正，否则就不能做到外三合。要想外三合必须“手脚齐到方为真”。

心、意是指练功时的意念。气是指练功时要在意念引导下，引导气的运行，达到气沉丹田。丹田气充足才能产生劲力。这里的劲力不是本身的拙力，而是内劲。练到了“六合”，才能打出整劲，才能实战搏击克敌制胜。

4. 练好形意拳要经过三步功夫

形意拳是功夫拳，不是数月数年可以登堂入室的。练好形意拳要经过三步功夫：

明劲、暗劲、化劲。

明劲即刚劲，是形意拳的初步功夫。刚劲不是本人拙力，也不是铁砂掌之类的硬功夫。明劲功夫是把拙力变成内劲的阶段。现在有些人练习形意拳时把脚跺得山响，既不能气沉丹田，胳膊又很僵硬，这不是真正的明劲。只有通过“六合”，才能练出真正的明劲。

暗劲者，拳中之柔劲也。当然柔与软不同，软是无力，柔非无力也。练习暗劲时要“六合”，要“脚打踩意不落空”，通过柔化（有目的地动作放松）而达到刚柔相济，每个动作中含有内在的力量，这才是暗劲。

化劲是把暗劲练到至柔至顺，柔顺之极化，即“拳无拳，意无意，无意之中是真意”，所谓化劲，其实就是随心所欲把有形化无形的高级阶段。

练习形意拳时一定要按此顺序去追求、去练习，不可只练明劲，觉得过瘾，能在比赛中夺冠，也不可不练明劲，就直接练暗劲、练化劲，强身健体是可以的，但绝对练不出真正的功夫。有一些人，年轻时就不太认真，只在放松上下功夫，到老来一事无成，是可悲的。根据我练习形意拳60年的经验和体会，只要有明师的真传，有自己辛勤钻研的领悟和追求，持之以恒地练功，“三年一小成，十年一大成”是可能的。如果自己再有天资，练到化劲，甚至登堂入室，也是可能的。

5. 持之以恒，坚持就是胜利

形意拳是内家拳术，讲究练功夫。何谓功夫？我认为时间加汗水得出功夫。俗话说：“工夫（时间）加功夫（苦练、悟性）等于功夫。”还有一种说法是：“光悟不练负聪明，光练不悟傻用功。”可见要想练出真功夫确实不是件容易事。时间就是持之以恒，没有一定时间的练习，是不能达到内外合一的；没有一个明劲、暗劲、化劲的练功过程，是不能成为形意拳“练家子”的。因为练得时间长了，自然能够把拙力转变成内劲，有一个从量变到质变的过程。“宝剑锋从磨砺出，梅花香自苦寒来”“只要功夫深，铁杵磨成针”是永恒的真理。我见过许多人，有练武的天资，但不能持之以恒，半途而废，结果一事无成。有的人能坚持，一练就是数十年，但从不肯出汗下苦功夫，学什么都是浅尝辄止，甚至三天打鱼，两天晒网，也不会练出真功夫，最多算个“把式匠”而已。有的人天资一般，但每天都肯流汗水，数十年如一日，结果成功了。许多武术家就是如此。尚云祥先生是李存义先生的大弟子，在同门中功夫最深，名望最高，武林人士无不称赞。但刚拜师时，李存义先生不想收他，因为他个子不高，天资一般，能练得出来吗？没想到尚云祥先生练功十分刻苦，因家穷不能总买鞋，就光着脚练，把地面都趟出沟来，一年下来，已见功夫了。李存义先生被深深地感动了，这才收他为徒。有一次，李存义先生带着他去看望老朋友。李存义先生骑着小毛驴，尚云祥先生一路打着崩拳跟着。尚云祥先生的功夫就是坚持加坚持、苦练加苦练而成的，十余载勤学苦练，终成尚派形意拳之宗师。

现在出于种种原因，有很多人没有更多的时间练功，有的人只是作为业余爱好。但我希望，你既然选择练形意拳，就要下大决心、大毅力，只要有“饭不能一天不吃，功不能一天不练”的精神，哪怕每天只有半小时或一小时，只要执着、认真地苦练，一定会取得丰硕成果，而且其乐无穷。

（二）形意拳学练步骤

形意拳是内家拳，是体用兼修的优秀拳术。练习形意拳不仅可以强身健体、益寿延年、自卫防身，还可以培养毅力、陶冶情操、增加生活乐趣。所以，男女老幼皆可练习，体质强弱皆可练习，有无武术基础皆可练习，有无腰腿功夫皆可练习。但练习形意拳要有一定步骤，要循序渐进。

1. 练习形意拳要从三体式入手

三体式是形意拳的基本桩功。三体者，头、身、足也。不是真的练头、身、足，头、身、足是指把人体分为上、中、下三部分，故谓三体式。其实是身体的上上下下、内内外外无一不包括。

站三体式时要时时刻刻一丝不苟地遵照形意拳的“九歌”来练习，不能有丝毫的偏离，这样才能把身体的身、肩、臂、手、指、股、足、舌、臀等的姿势练准确，经过长期练习成为定型。每当练习形意拳时，一举手一投足就合规范。练习三体式可以锻炼腿部肌肉，增强腿部力量。练习三体式也是练习内三合的过程，通过意念的统帅，引导形体姿势的正确，“形正而气顺”，引导呼吸，气沉丹田。丹田内气充盈、鼓荡，产生内劲，逐渐达到内三合，从而为练习形意拳打下坚实的基础。练习形意拳时时离不开三体式，故形意拳有“万法出于三体式”之说。

练习三体式时不可使用拙力、不可努气、不可腆胸提腹，要谨防这“三害”。练习三体式时上身要放松，舌抵上腭，提肛溜臀，在意念引导下，气沉丹田。练习三体式是养精，养气，养神，打通十二经脉、奇经八脉，畅通整个经络的过程，从而调节人体脏腑气血功能，提高人体的免疫力，祛病健身，益寿延年。

2. 三体式有了一定基础后再学练五行拳

五行拳指劈、崩、钻、炮、横五种拳法，内应肺、肝、肾、心、脾五脏，外合金、木、水、火、土五行，故称“五行拳”。五行拳是练习十二形和其他套路的基础，如三个崩拳连着一个炮拳就是“鹞子入林”，一个崩拳是“黑虎入洞”，也是“金鸡食米”，还是“燕子啄泥”，不胜枚举。所以说，五行拳是形意拳的根，练好了五行拳，就等于练好了形意拳。练习形意拳的人，每天必须练习五行拳。会练形意拳的人都会在五行拳上下苦功夫。

学练五行拳时要从学练动作入手。每个动作都要符合“八势”“八要”“九歌”的规定。刘奇兰先生曰：“观其外，而知其内，其外正则气顺，其形反则气逆。”所以练习外三合是第一步，只有动作准确姿势到位，手脚齐至才能够“气则顺”而气沉丹田，这就是第二步功夫，即是练习内三合了。这时候，一方面继续纠正动作，一方面练习气沉丹田，同时要找劲。例如，练习劈拳时，动作正确、呼吸平稳自然了，就要练习劈劲。这劈劲不是一学就会，也不是一天可练成的，要通过劈拳动作的练习把它找到。练习钻拳、崩拳、炮拳、横拳，也是如此。继续练习规范动作就是外三合，练习气沉丹田、找劲就是内三合。劲找到了就说明你已经做到气沉丹田，已达到“六合”的要求了，内外合一，自然就能求得“整劲”。

练习五行拳也要防拙力、努气、腆胸提腹三害。如犯三害，不仅“整劲”练不出来，身体也要出病，如憋气胸闷等，不可不谨防。

学练五行拳最忌急于求成、好高骛远，明劲还没练好就去追求暗劲、化劲，结果一事无成。通过五行拳的练习能够达到“六合”，打出“整劲”已难能可贵了。

五行拳有一定基础后，可以练习五行连环拳。在五行连环拳的基础上可以学练五行连环刀、五行连环剑、五行连环枪、五行连环棍等器械套路。

3. 五行拳有了一定基础，再学练十二形

十二形是以龙、虎、猴、马、鼍、鸡、燕、鹞、蛇、鹘、鹰、熊的生活形态和搏击之长组成的传统套路，必须在熟练掌握五行拳的基础上，并且已经“六合”找到“整劲”了，方可练习。

十二形是象形取意的拳术。每个动作除了符合“八要”“八势”“九歌”的标准外，还要力求形象。在“意”的统帅下去练习，去追求龙有缩骨之能、虎有扑食之勇、猴有纵山之灵、马有疾蹄之功、鼍有浮水之能、鸡有欺斗之勇、燕有抄水之精、鹞有入林之巧，蛇有拨草之能、鹘有竖尾之能、鹰有捉拿之力、熊有竖顶之功的搏击技能和劲力，并从中领悟什么是“形神合一”，什么是“内外合一”，以丰富自己的身法、手法、腿法、步法，使形意拳的功夫更上一层楼。

待十二形有了基础后，可以练习杂式捶、龙形剑、三合刀、三才剑等套路。

4. 三年一小成，十年一大成

只要有明师的传授，自己执着地钻研和追求，加之勤奋地苦练，想练好三体式、五行拳、十二形并不难，三年足够了。拳谚云“三年一小成”是有道理的，但这只是小成，距离大成甚远，离“拳无拳，意无意，无意之中是真意”的境界还相去甚远。“十年一大成”，只要有持之以恒的毅力，有志者每天执着地练下去，10 年、20 年不难登堂入室。

要想登堂入室，必须真正虚心、谦恭、真诚地向形意拳名家、老前辈们求教，

你感动了人家，人家必会给你真东西，这些真经是一辈子受用无穷的。也可以访友，互相切磋交流，但必须是在不失武德、不伤人、不图名、不逞强、不失友谊的前提下研究手法和劲力，如切如蹉，如琢如磨。这样你会真正地认识到自己的不足，回头用来指导自己练功，会有新的进步和提高。现在，我们可多看光盘，多观摩，多读武术书籍和杂志，这也是一个求学的捷径和好方法。总之，只要你有锲而不舍的追求精神，有毅力，持之以恒地苦练，一定能成功，一定能达到“练精化气，练气化神，练神还虚”“拳无拳，意无意，无意之中是真意”的随心所欲神意贯通之境。“有志者事竟成”，坚持就是胜利。

5. 时刻提防“三害”

在练习形意拳的过程中，时时刻刻谨防“三害”。

关于“三害”之说，孙禄堂先生阐述得最为详尽，摘录如下。

三害者何？ 一曰努气；二曰拙力；三曰腆胸提腹。

用努气者，太刚则折，易生胸满气逆、肺炸诸症。譬之心君不和，百官自失其位。

用拙力者，四肢百骸，血脉不能流通，经络不能舒畅，阴火攻之疼痛，甚之可以结成瘰毒诸害。

腆胸提腹者，逆气上行不归丹田，两足无根，轻如浮萍，拳体不得中和，即万法亦不能处时中地步。

是故三害不明，练之足可以伤身，明之自能引人入胜，必精心果力，剔除净尽，始得拳学入门要道，故书云：树德务滋，除恶务本。练习诸君，慎之慎之。

弟子徐艳霞演练五行拳

劈

钻

崩

炮

横

第二章 形意拳基本拳法

（动作演练：孙汝贤）

形意拳基本拳法以三体式、五行拳、十二形为主，其练习要领：一要塌腰，二要缩肩，三要扣胸，四要顶，五要提，六要横顺，七要起钻落翻分明。塌腰，即尾闾上提。缩肩，即两肩向回抽劲。扣胸，即开胸顺气。顶，即头顶、舌顶、手顶。提，即谷道内提。横即起，起即钻；顺即落，落即翻。

形意拳单练套路主要有五行连环拳、杂式捶、四把拳、八式拳、十二洪捶、出入洞、五行相生、龙虎斗、八字功等。对练套路有五行相克、三手炮、五花炮、安身炮、九套环。器械套路有连环刀、三合刀、连环剑、连环炮、连环棍、三才刀、三才剑、行步六剑、六合枪、六合大枪、凤翅锐等。

本章重点介绍：三体式、五行拳、五行连环拳。

一、三体式

三体式

练习形意拳均以三体式为重要的基本功，这是求得六合浑圆整劲的最基本功法。它按照形意拳学的理论要求与要领，将人体安排成为一个完整的基本姿势，在形意拳的动作中，均按此基本姿势与要领来练习，讲求外三合（手与足合、肘与膝合、肩与胯合）、内三合（心与意合、意与气合、气与力合），内外合一称为“六合”。形意桩功有很多种，但凡学练形意拳者，没有不在三体式上下苦功的，因为得劲在于此，进阶在于此，以至懂拳、懂劲、登堂入室仍在于此，日久功成当别有一番滋味，故形意拳有“万法出于三体式”之说 。

三体式又名“三才式”，是筑基之功、进阶之路。九法歌、四梢说、八字诀、三节论等在三体式中都有所体现，具有指导意义。三体式的训练，能使人的机体萌发和调动内在的潜能，使气血通畅、经络贯通，从而达到增长功力、强身健体的作用。所以说三体式是形意拳的入门必修课程。

习练三体式，姿势可高可低，自己掌握。自然呼吸，气沉丹田，上身放松，谨防“三害”。当练习左手左步的三体式很累时，可换练右手右步的三体式，练功时间自己掌握，只要持之以恒，定能成功！

1. 无极式

无极者，混沌空静虚无一物也，天地之始造化之初，气形之始，气形质尚未分离，视而不见，听而不闻，触而不觉，无形无象，无思无念，无我无他，一团混沌之气，一点灵机孕育其中，无极之谓也。

身体正立，两脚脚跟相并，脚尖分开；两臂自然下垂，掌心向内，头顶竖项，目视前方；体松，心静，身正，气平，呼吸自然，神不外溢。此乃先天之本，性命之源，万物之祖，阴阳之母，太极之发源也。（图 1–1）

2. 太极式

太极者，气形质之本，无极而生，两仪之母也。揽阴阳，夺造化，转乾坤，扭气机于后天之中，返先天之真相，复本来之面目，归己之真性命，故以心动而万物生，其理流行于外，天地之间无物不有。心静，其气缩至心中，退藏于密，则无一物所存。太极者，阴阳之始也，天地一大宇宙，人体一小宇宙也。

两臂外旋掌心斜向上，从体侧向上徐徐平举，高过头顶时双臂内旋，掌心徐徐向下按于腹前丹田位置，同时屈膝并步，自然呼吸，舌顶上腭，谷道内提，鸡腿龙身，熊膀猴相，中正不倚，和而不流，不使有凹凸处，不使有缺陷处。身成四象，太极也。（图 1–2）

3. 两仪式

两仪者，指太极流行绵绵不息，阴阳相生，阴中抱阳，阳中抱阴，是为一体也，阴极阳生，阳极阴长，生生不息，在拳术中动静开合，伸缩起落，闪转进退俱不离阴阳之变化，形名虽殊，其理一如。

两掌在腹部握拳，外旋翻转使拳心向上，同时气沉丹田，随之将右拳沿胸前上钻，拳心向上，高不过眉，低不过鼻，左拳同时内旋，拳心向下，两肩松沉。目视前方。（图 1–3）

4. 三体式

三体者，指天、地、人三才之象也，在拳合于三节之论，即身、手、足三节。根节催，中节随，梢节用力，产生整体力，使之浑元一气而成为拳中之内劲。古谱云："道自虚无生一气，便从一气产阴阳，阴阳再合成三体，三体重生万物张。"习练者当细心揣摩，三体式为"入门之道"绝非虚言也。

左拳由腹前沿中线上钻，拳心向上，在胸前两拳相遇，同时变掌，同时左脚向前直进一步，脚尖向前，右脚脚跟进一小步，成三七步，同时左掌向腹前按出，高与胸平，屈肘挺腕，右掌收回腹前。（图 1–4）

身正步稳，呼吸自然，气沉丹田，此时当以九法歌、八字诀为准绳规范身体姿势，使身体各部位姿势达到要求。切记站桩要活，外示安逸，内藏精神。死站桩，站死桩，会使气血壅滞，日久成疾。

图 1–1

图 1–2

图 1–3

图 1–4

5. 收势

两脚不动，右掌沿体侧掌心向上与左掌同时上举，高与顶平。目视前方。右脚跟进左脚并拢，两掌内旋沿胸前落下，收于腹前变拳，拳心向下。目视前方。随之身体徐徐站立，两拳变掌自然垂于体侧，成无极式还原。（图 1–5）

图 1–5

五行拳

二、五行拳

五行拳是形意拳最基本的拳法，包括劈拳、崩拳、钻拳、炮拳、横拳，内应肺、肾、肝、心、脾五脏，合于金、水、木、火、土五行，从五行生克制化之理，故称之为“五行拳”。

劈拳：劈拳属金，是强击性拳法，分为双手劈拳和单手劈拳。劈拳并不仅仅只有向下的劈劲，还应该有向前的刀割劲和向后的抽拽劲。发力轨迹为自前额至胸腹，这样的劈拳才能浑厚有力。练劈拳要求先打明劲，再打暗劲，最后打化劲。劈拳的劲除明、暗、化以外，还要打出捕、拍、撞、按、劈五种不同变化的劲来。

崩拳：崩拳属木，因其动作形如利箭穿物，拳击有力，发力时威猛如山崩地裂而得名。崩拳有半步崩拳、拗步崩拳、顺步崩拳、跨步崩拳、快步崩拳等步法，其中半步崩拳是崩拳当中最基本的练习方法，其他各式崩拳都源出于此，故半步崩拳有“母拳”之称。

钻拳：钻拳属水，其气势如将海上之物抛向空中的钻天之势，因而得名钻拳。练习钻拳时，要沉肩坠肘，肩、胯与手的动作要协调一致。前手不可越过前脚尖，此即形不破体，力不出尖，从而使自身保持平衡，与崩拳、炮拳相比，钻拳更重视一个“巧”字。

炮拳：炮拳属火，刚劲猛烈，气势逼人，因而得名，是五行拳中最凶猛的拳法。

横拳：横拳属土，土性中和，是一种阴阳平衡、刚柔相济的拳法。横拳是五行拳之母，既可化为劈、钻、崩、炮四拳，又能化为十二形拳，正所谓“一本可散万株，万株皆归一本”。形意拳立拳核心为中庸，而中庸代表性最强的拳法就是横拳，所以横拳若是一味追求“刚劲猛烈，无坚不摧”就失其本意了。

古谱载五行拳有 36 种练法，列举如下，供参考。

劈拳有六：正步劈拳、进步劈拳、退步劈拳、摇身劈拳、转身劈拳、捋手劈拳。

崩拳有九：左腿崩拳、进步崩拳、退步崩拳、摇身崩拳、转身崩拳、十字崩拳、顺步崩拳、右腿崩拳、捋手崩拳。

钻拳有七：顺步钻拳、进步钻拳、退步钻拳、摇身钻拳、转身钻拳、拗步钻拳、捋手钻拳。

炮拳有七：拗步炮拳、进步炮拳、退步炮拳、摇身炮拳、转身炮拳、顺步炮拳、捋手炮拳。

横拳有七：拗步横拳、进步横拳、退步横拳、摇身横拳、转身横拳、顺步横拳、捋手横拳。

（一）劈拳

劈拳属金，其形似斧，五脏理肺，肺动如雷声。劈拳歌诀："双钻双塌气相连，起落呼吸莫等闲，易筋易骨加洗髓，脚踩手劈一气传。"练习劈拳还有一条口诀："劈拳不用看，手脚一条线。前手出拳后手跟，掩肘摩肋打中心。前脚进步后脚蹬，起落钻翻才算成。"

1. 起势

（1）身体正立，双足足跟并拢，足尖外展，夹角成45°，两臂在身体两侧自然下垂，掌指向下，成立正姿势。目视前方。（图2–1）

（2）双臂外旋，翻成掌心向上时，自身体两侧徐徐托起，高过头顶时双臂内旋，边握拳边向腹部徐徐按下，停于腹前，同时屈膝蹲身，气沉丹田，目视前方。（图2–2）

要点：全身放松，动作缓慢，自然呼吸，气沉丹田，精神集中。目视前方。

2. 左劈拳

（1）左拳不动，右臂外旋，边拧臂边拳心向上，经胸前、颌前向面前钻出，高与眉齐。目视前方。（图2–3）

（2）向前上左步成三体步，左拳变掌，掌心向下，拳指斜向前上方，弧线向胸前劈推而出，高与眉齐，右拳变掌，按于腹前，气沉丹田，目视前方。（图2–4）

图 2–1　图 2–2　图 2–3　图 2–4

3. 右劈拳

（1）双手边握拳边向下抓，抓至腹部前后，左足前进半步，足尖外展45°，同时左拳拳心向上、向面前钻出，高与眉齐。目视前方。（图2–5）

（2）向前上右步成三体步，同时双拳变掌，右掌掌心向下，掌指斜向前上方，弧线向胸前劈推而出，左掌按于腹前，气沉丹田，目视前方。（图 2–6）

图 2–5

图 2–6

要点：钻拳钻出时，一定要经胸前、颌前向面前钻出，要钻出螺旋劲。“拳从口出”即为此意。练习劈拳时，前臂不得伸直，要时时沉肩坠肘，时时提肛溜臀，时时气沉丹田，要手脚同时到位，即“手脚齐到方为真”。前后手的力量要均衡，不得只顾劈而忽略后手。手指尖、鼻尖、足尖要上下一条线，即“三尖要齐”。

4. 回身

（1）在右足前扣左足，右转回身，同时双手边握拳边抓至腹前，拧头回视。（图 2–7）

（2）上右足，足尖外展 45°，同时左拳不动，右臂边外旋拧裹，边拳心向上经胸前、颌前向面前螺旋钻出，高与眉齐。目视前方。（图 2–8）

（3）向前上左步成三体步，同时双拳变掌，左掌掌心向下，掌指斜向前上方，弧线向胸前劈推而出，右掌按于腹前。气沉丹田，目视前方。（图 2–9）

要点：回身要敏捷，手、足、身要协调一致。向前交替接练右劈拳、左劈拳，当练至起势处，左手与左足在前时回身。

5. 收势

（1）上右足与左足并步，随之屈膝蹲身，同时双手边握拳边徐徐下落，置于腹前。目视前方。（图 2–10）

（2）徐徐起身成立正姿势，同时双拳变掌，掌指向下，垂于身体两侧。目视前方。（图 2–11）

要点：动作缓慢沉稳，神态自然，精神集中。

图 2-7

图 2-8

图 2-9

图 2-10

图 2-11

【汁意事项】

学练劈拳时要时时谨防“三害”。

开始学练劈拳时，可先练后足不跟进的定步劈拳，动作熟练后可练后足跟进的跟步劈拳。套路的长短和左右劈拳的练习次数由自己决定。足间距等同两肩之宽度。

学练劈拳时必须做到姿势正确，因“形正而气顺”，要时时注重沉肩坠肘、提肛溜臀、手脚齐到方为真。这一切就是“外三合”的练习。达到“外三合”了，可以开始“找劲”，找劈拳的劲。找劈拳劲的过程也是练习气沉丹田的过程，就是练习“内三合”的过程。通过练习，可以“手脚齐到方为真”，可以气沉丹田，找到整劲了，就是“六合”了。这就是功夫。

劈拳的劲不是直推，也不是真的向下劈，要把直推、下劈合成一股推劲占七成、劈劲占三成的劲，弧线向对方胸部劈出，仿佛一下子能把对方推劈出丈外。拳谱云：“前手去意横竖立，后手去意斧劈山。”

练习劈拳要从明劲入手，不可好高骛远，明劲还没练好就去练暗劲、化劲。这是空中阁、镜中花、水中月，毫无意义，将会一事无成。练习明劲、暗劲、化劲，即练精化气、练气化神、练神还虚，这需要十年甚至数十年的追求，如果练功得法，加之刻苦努力，十数年达到此境界，是完全可能的。

（二）钻拳

钻拳属水，其形似闪，五脏强肾，肾动似闪电。钻拳歌诀：“钻拳原是地反天，上下同打是真传，左右相同随意变，收吸发呼劲合丹。”

钻拳是练习一气之曲曲流形，无微不至，有隙必入。其形似闪指，其拳敏速也，高与眉齐，三尖相对，气足也，故曰“其拳顺则强肾”。

1. 起势

（1）身体正立，双足足跟并拢，足尖外展。两臂在身体两侧自然下垂，掌指向下，成立正姿势。目视前方。（图 2–12）

（2）双臂外旋，掌心向上，自身体两侧徐徐托起，随之双臂内旋，掌心向下，边握拳边向腹前落下，同时屈膝蹲身，气沉丹田，目视前方。（图 2–13）

（3）左拳不动，右臂外旋，右拳拳心向上，经胸前、颌前向面前螺旋钻出，高与眉齐。目视前方。（图 2–14）

（4）向前上左步，成三体步；同时双拳变掌，左掌掌心向下，掌指斜向前上方向胸前呈弧线劈出，右掌按于腹前，气沉丹田，目视前方。（图 2–15）

要点：全身放松，精神集中，气沉丹田。手指尖、鼻尖、足尖“三尖”要齐。

图 2–12

图 2–13

图 2–14

图 2–15

2. 右钻拳

（1）左足尖原地外展 45° ，同时左臂外旋，翻成掌心向上，左掌高与眉齐，右掌变拳，拳心向下，按于腹前。目视前方。（图 2–16）

（2）右足前进一步成三体步，同时双掌变拳，右臂外旋，右拳拳心向上经胸前、颌前向面前螺旋钻出，高与眉齐，左臂内旋，左拳拳心向下，按于腹前，气沉丹田，目视前方。（图 2–17）

3. 左钻拳

（1）右足尖原地外展 45° ，同时右拳变掌，右臂外旋，翻成掌心向上，右掌高与眉齐。目视前方。（图 2–18）

（2）左足前进一步成三体步；同时左臂外旋，左拳拳心向上，经胸前、颌前向面前螺旋钻出，高与眉齐；右掌变拳，右臂内旋，拳心向下按于腹前，气沉丹田，目视前方。（图 2–19）

要点：手脚齐到方为真。手尖、鼻尖、足尖，三尖要齐。钻出之手与回落之手的力量要均衡。钻出之臂不可直，要肩催肘、肘催手，沉肩坠肘，力量到手。随之可右钻拳、左钻拳，交替向前练习，次数自己决定。

图 2-16

图 2-17

图 2-18

图 2-19

4. 回身

（1）在右足前扣左足，右转，当左足、左拳在前时可练回身。回身时，双手握拳，右拳不动，左拳拳心向下，向右肩外砸下。拧头回视。（图 2-20）

（2）右足原地外展 45°，同时右臂外旋，拳心向上，向面前钻出，高与眉齐。目视前方。（图 2-21）

（3）向前上左足成三体步；同时左臂外旋，拳心向上，向面前螺旋钻出，高与眉齐；右拳内旋，拳心向下，落于腹前，气沉丹田，目视前方。（图 2-22）

图 2-20

图 2-21

图 2-22

要点：回身要敏捷，动作要协调，回身的砸拳和两钻拳要连贯。随之用相同动作向前交替练习右钻拳、左钻拳，当练到起势处，可回身收势。

5. 收势

（1）上右足并左步，屈膝蹲身，同时双手握拳徐徐下落，置于腹前，气沉丹田，目视前方。（图 2–23）

（2）徐徐起身成立正姿势，同时双拳变掌，掌指向下，垂于身体两侧。目视前方。（图 2–24）

要点：钻出之拳一定要有螺旋劲，出手要非常快速敏捷，体现“钻拳似闪”之含义，快如闪电。

图 2–23

图 2–24

【注意事项】

按五行的顺序来说，练完劈拳，应练崩拳，但崩拳较难练，而钻拳在练劈拳时已练了，所以应先练劈拳，后练钻拳，再练崩拳。李存义先生在其手抄书中介绍五行拳时就是先钻拳后崩拳，故本书也是先练钻拳后练崩拳。

开始练钻拳时，可先练后足不跟进的定步钻拳，待熟练后可练后足跟进的跟步钻拳，即活步钻拳。两足间距同两肩宽度。

练习钻拳时要时时沉肩坠肘，时时提肛溜臂，时时气沉丹田，要三尖对齐，要“手脚齐到方为真”，要前手后手力量均衡，也要拳从口出。

练习钻拳也是先练“外三合”，达到“外三合”后，可以“找劲”，找钻拳的劲。边找劲边练习气沉丹田，而达到“内三合”，继而“六合”，练出钻拳的整劲。

何谓“肘打人”？臂有三节，根节是肩，中节为肘，梢节为拳。当你打人时只要意在“肘打人”，肘向前了，拳就早已到前了。故而练习钻拳时也要这样，要走肘，要肩催肘，肘催手，沉肩坠肘，力已到手。

练习钻拳时也要谨防“三害”，也要先从明劲入手，逐步去练暗劲、化劲，循序渐进。

（三）崩拳

崩拳属木，其形似箭，有曲直之势，五脏舒肝，肝动如箭穿。崩拳歌诀：“崩拳属木疾似箭，发功全凭一寸丹。进退变化随法用，转身提足把树攀。”

崩拳是练习一气之伸缩，两手顾打往来，形似箭穿言其速也，左右换肩不换步，是拗顺合胯也，其力发于肝脏，其拳顺则肝气舒也。“两肘不离肋，两手不离心，出调入调紧随身，手到脚不到枉然，脚到手不到亦枉然，手脚齐到方为真”，所以练习崩拳要达到一身备五弓，弓弦、弓背互相作用，弓弦响处箭不虚发的意境。

1. 起势

（1）身体正立，双足足跟并拢，足尖外展；两臂在身体两侧自然下垂，掌指向下，成立正姿势。目视前方。（图 2–25）

（2）双臂外旋，掌心向上，自身体两侧徐徐托起，随之双臂内旋，掌心向下，边握拳边向腹前落下，同时屈膝蹲身，气沉丹田，目视前方。（图 2–26）

要点：全身放松，动作缓慢，精神集中，气沉丹田。

（3）左拳不动，右臂外旋，拳心向上，经胸前、颌前向面前螺旋钻出，高与眉齐。目视前方。（图 2–27）

（4）左足向前上步，成三体步；同时双拳变掌，左掌掌心斜向前上方，向胸前呈弧线劈出；右臂内旋，右掌按于腹前。气沉丹田，目视前方。（图 2–28）

要点：要沉肩坠肘，力量到手，“三尖”要齐，精神集中，贯注专一。

图 2–25

图 2–26

图 2–27

图 2–28

2. 右崩拳

（1）双手握拳，左拳拳眼向上，停于胸前，右拳拳心向上，停于腹前，肘部贴肋，同时重心后移，左足提起，平置于右足前成开立步，精神专注。目视前方。（图 2–29）

（2）左足上步，右足跟进成坐蹲步，同时右臂内旋拧裹，右拳拳眼向上，向胸前崩出，左臂外旋拧裹，左拳拳心向上，向腹前抽回。目视前方。（图 2–30）

要点：右拳崩出时要腰肋助力，其力向前，但臂不伸直，要沉肩坠肘，力量到手。右拳崩出后，“三尖”要齐。崩拳之拳与抽回之拳的力量要均衡，不可只注重前手忽略后手，要“手脚齐到方为真”。上身要正直，不可俯身撅臀。头有上顶之意，目视前方，力沉身稳，“打破硬进无遮拦”。

3. 左崩拳

（1）向前上左足，跟右足，仍成坐蹲步。同时左臂内旋拧裹，左拳拳眼向上，向胸前崩出，右臂外旋，右拳拳心向上，抽置腹前，气沉丹田，目视前方。（图 2–31）

图 2–29

图 2–30

图 2–31

（2）右崩拳、左崩拳，如此交替向前练习，次数自己决定。无论是左拳在前，还是右拳在前，都可回身。

要点：练崩拳时要腰肋助力，其力向前，但手臂不伸直，要沉肩坠肘，力量到手。三尖要齐，崩出之拳与抽回之拳的力量要均衡，要“手脚齐到方为真”。上身要正直，不可俯身撅臀。头有上顶之意，目视前方，力沉身稳。

4. 回身

（1）在右足前扣左足，右转回身。同时双手握拳收于腹前，精神集中，拧头右视。（图 2–32）

（2）重心后移，右臂外旋，拳心向上，向面前钻出，左拳随后，同时右腿提膝横足，足心向前踹出。目视前方。（图 2–33）

（3）右足踹落成横足，同时跪左膝，顶于右腿膝后下坐成歇步；同时双拳变掌，左掌自右臂上向前劈下，右掌随之置于腹前，气沉丹田，目视前方。（图 2–34）

图 2–32

图 2–33

图 2–34

（4）进左足练右崩拳，再练左崩拳，交替练习，到起势处可回身，随之收势。

要点：扣步转身、提膝踹足、坐身劈掌要连贯协调，一气呵成，其势有如怒狸扑鼠，故名“狸猫上树”。上身要正，不可俯身。“手脚齐到方为真”。

5. 收势

（1）紧接回身，上左步跟右步，出右手崩拳。（图 2–35）

（2）退右步，左足擦地向后抽撤，当抽至右足时向右足后蹬地，使左膝顶在右膝后成歇步式；同时左拳拳眼向上，向胸前崩出，右拳抽至腹前，气沉丹田，目视前方。（图 2–36）

图 2–35

图 2–36

（3）向前上左足，再上右足并步，屈膝蹲身，同时双拳向下按于腹前，气沉丹田，目视前方。（图 2–37）

（4）徐徐起身成立正姿势，双手手指向下，自然垂于身体两侧，精神集中。目视前方。（图 2–38）

要点：动作要连贯，一气呵成。左足向后蹬地时与右足形成分挣劲，啪的一声发出爆炸劲。动作缓慢沉稳，身体放松，神态自然。

图 2–37

图 2–38

【注意事项】

练习崩拳时最易使拙力，所以要谨防“三害”。练崩拳时，要上身正直，放松，要沉肩坠肘、提肛溜臀，要“手脚齐到方为真”。这就是“外三合”，达到“外三合”后可去“找劲”，找崩拳的劲。当达到“六合”时，打出的崩拳，才是真正的整劲。有些人没能气沉丹田，却跺得地面噔噔直响，以为这就是整劲，是错误的，长期这样练下去还能把腿练坏，有些人腿部静脉曲张就是这样导致的。

左足与左拳在前为顺步崩拳，手臂伸得长，易发劲。左足与右拳在前为拗步崩拳，手臂伸得短，不易发劲。所以在练拗步崩拳时，一定要随打出之拳拧腰。练崩拳时也不能单纯地向前直杵，而要沉肩坠肘，要借助丹田和腰肋之力。拳可稍下低，这样就会有穿透力。在发丹田、腰肋之力时犹如硬弓拉满后的撒把，嗖的一声已射出，名副其实“崩拳似箭”了。

练习崩拳时总是左足在前，因右足未上步，所以说“半步崩拳”是“一顺边”。重心总在右腿，故而练起来很累。但崩拳是形意拳中最最重要的一拳，此拳练好，其他拳法不在话下，故而老前辈都在崩拳上下功夫。尚云祥先生如此，周明泰先生如此，“半步崩拳打遍天下”的郭云深先生更是如此 。

（四）炮拳

炮拳属火，其行似炮，五脏养心，心动似火焰。炮拳歌诀："炮拳先走虎跳涧，两臂下裹如搜山，钻崩之中加化打，提肛实腹水火关。"

炮拳是练习一气之开合，身如火药拳似弹，灵机一动鸟难飞，如炮炸裂，如弹突发，其性最烈，其形最猛，其力发于心，心动似火焰，故其拳顺可以养心。炮拳演练路线呈"之"字形，先闪后入，钻翻化打，如崩墙倒，使敌猝不及防也。

1. 起势

（1）身体正立，双足足跟并拢，足尖外展，两臂在身体两侧自然下垂，掌指向下，成立正姿势。目视前方。（图 2-39）

（2）双臂外旋，掌心向上，自身体两侧徐徐托起，随之双臂内旋，掌心向下，边握拳边向腹前落下；同时屈膝蹲身，气沉丹田，目视前方。（图 2-40）

（3）左拳不动，右臂外旋，拳心向上，经胸前、颌前向面前螺旋钻出，高与眉齐，即"拳从口出"。目视前方。（图 2-41）

（4）向前上左步，成三体步；同时双拳变掌，左掌掌心斜向前上方向胸前弧线劈出，右掌按于腹前。气沉丹田。（图 2-42）

要点：手脚齐到方为真。手指尖、鼻尖、足尖"三尖"要齐。

图 2-39

图 2-40

图 2-41

图 2-42

2. 左炮拳

（1）左足前进半步，提右足贴于左足内侧成并步；同时双手握拳，双臂外旋，当拳心向上时，向腹前沉下。目视前方。（图 2-43）

（2）向身体右前方上右步，跟左足，成三体步；同时双拳向面前钻起，随之双臂内旋，左拳拳眼向上向胸前打出，右拳向右额前上方立起。气沉丹田，目视前方。（图 2–44）

3. 右炮拳

（1）右足前进半步，提左足贴于右足内侧成并步。同时双臂外旋，当拳心向上时，向腹前沉下。目视前方。（图 2–45）

（2）向身体左前方上左步，跟右足，成三体步；同时双拳向面前钻起，随之双臂内旋，右拳拳眼向上向胸前打出，左拳向左额前上方立起。气沉丹田，目视前方。（图 2–46）

图 2–43

图 2–44

图 2–45

图 2–46

（3）向前交替练习左炮拳、右炮拳，次数自己决定。当右足在前时，可练左转回身；当左足在前时，可练右转回身。

要点：双拳下沉时不可用大力下砸，更不要向回抽，要含有下沉的粘连之力。要三尖对齐，因而左拳打出时要随拳拧腰、拧身。要“手脚齐到方为真”。打出之臂不可伸直，要沉肩坠肘，力量到手。

4. 回身

（1）在左足前扣右足，左转回身，左足提起贴于右足内侧成并步，同时双臂外旋，拳心向上，收于腹前。目视前方。（图 2–47）

（2）向身体左前方上左步，跟右足成三体步；同时双臂外旋，拳心向上从胸前钻起，随之双臂内旋，当右拳拳眼向上时，向前打出，左拳向上置于左额上方。气沉丹田，目视前方。（图 2–48）

（3）向前交替练习左炮拳、右炮拳，当练至起势处方可收势。

要点：扣步、提足、转身成独立步时要协调一致，动作一气呵成。

5. 收势

（1）向前上右足，双足并步，屈膝蹲身，同时双拳向下停于腹前。气沉丹田，目视前方。（图 2–49）

（2）徐徐起身成立正姿势，双拳变掌，双手手指向下，自然垂于身体两侧。气沉丹田，精神集中，目视前方。（图 2–50）

要点：动作缓慢沉稳，身体放松，神态自然。

图 2–47

图 2–48

图 2–49

图 2–50

【注意事项】

劈拳、钻拳、崩拳的练习路线是直的，炮拳和横拳的练习路线是向斜前方的，其实质仍属直向套路，充分体现了形意拳的“直进直出”“硬打硬撞无遮拦”的风格特点。

炮拳最难练习的是上抬之手，抬得过高，肋部就空，易被人家打击，所以不能向上抬架，只能向上钻拳，随之前臂内旋拧裹，就可以了。这样可保持沉肩坠肘，不会犯“如犯挡架就是三下”的毛病。所以练习炮拳时，不可向上抬肘，永远要沉肩坠肘。

练习炮拳也要从“外三合”入手，达到“外三合”后才能找炮拳之劲。

练习炮拳时要特别重视双拳的向下沉砸，沉砸时会产生一种反弹力，借着反弹力炮拳就可打出了，仿佛火炮被点燃，炮弹出膛而爆炸，所以炮拳五行属火，要打出爆炸劲。

（五）横拳

横拳属土，其形似弹，五脏健脾，脾功主力攻。横拳歌诀：“横拳出手似铁梁，横中有直横中藏，左右穿裹应合意，收势退横劲宜刚。”

横拳是练习一气之团聚，横拳起横不见横，其形似弹取其圆活也，圆则能变，活泼不滞。形意拳中横劲处处显观，缺其不可也，故横拳属土，能生万物，在脏属脾，故其拳顺可健脾。演练路线亦如炮拳呈“之”字形，妙在拗步斜身而进，手似铁梁，以横破直，后手在肋下，随机而发，“起横不见横，见横不为能”。

1. 起势

（1）身体正立，双足足跟并拢，足尖外展，两臂在身体两侧自然下垂，掌指向下，成立正姿势。目视前方。（图 2–51）

（2）双臂外旋，掌心向上，自身体两侧徐徐托起，随之双臂内旋，掌心向下，边握拳边向腹前落下；同时屈膝蹲身。气沉丹田，目视前方。（图 2–52）

（3）左拳不动，右臂外旋，右拳拳心向上，经胸前、颌前向面前螺旋钻出，高与眉齐。目视前方。（图 2–53）

（4）向前上左步，成三体步；同时双拳变掌，左掌掌心斜向前上方，向胸前弧线劈出，右臂内旋，右掌按于腹前。气沉丹田。（图 2–54）

要点：手脚齐到方为真。手指尖、鼻尖、足尖“三尖”要齐。

图 2–51

图 2–52

图 2–53

图 2–54

2. 右横拳

双足不动，仍成三体步；双手握拳，右臂外旋拧裹，拳心向上，自左臂下向左拳前螺旋钻出，高与眉齐，左拳置于腹前。气沉丹田，目视右拳。（图 2–55）

3. 左横拳

（1）向前上左步，提右足贴于左足内侧成并步，双拳不动，向身体右前方拧头平视。（图 2–56）

（2）向身体右前方上右步，跟左足，成三体步；同时左臂外旋拧裹，左拳拳心向上，自右臂下向身体右前方钻出，高与眉齐，腰部随之向右拧转，右臂内旋拧裹，右拳拳心向下置于腹前，气沉丹田，称“拗步左横拳”。目视前方。（图 2–57）

图 2–55

图 2–56

图 2–57

要点： 出拳与出足要同时“手脚齐到方为真”。横出之拳与鼻尖、足尖“三尖”要齐。出横拳时要拧腰以助力，横出螺旋劲。随之可右横拳、左横拳交替呈斜线向前练习，次数自己决定，当练至右足在前时可回身。

4. 回身

（1）在左足前扣右足，提左足贴于右足内侧成并步，同时左转回身，双拳不动。目视前方。（图 2–58）

（2）向身体左前方上左步，跟右足成三体步；同时右臂外旋拧裹，右拳拳心向上，自左臂下向前方螺旋钻出，要钻出螺旋劲，左拳拳心向下，收置于腹前。气沉丹田，目视前方。（图 2–59）

图 2–58

图 2–59

要点：转身时要敏捷，身、手、足要协调一致，一气呵成。随之可左横拳、右横拳交替向前练习，当练至起势处右足在前时可回身。

5. 收势

（1）上右足，与左足成并步，屈膝蹲身；同时双拳拳心向下徐徐落于腹前。气沉丹田，目视前方。（图 2-60）

（2）徐徐起身成立正姿势；同时双拳变掌，双手手指向下，自然垂于身体两侧。目视前方。（图 2-61）

要点：动作缓慢沉稳，自然协调，精神专注，气静神怡。

图 2-60

图 2-61

【注意事项】

练习横拳也要时时沉肩坠肘，时时提肛溜臀，时时“手脚齐到方为真”，这就是“外三合”的练习。达到“外三合”可以找横拳劲，也就是练习意、气、力“内三合”的过程。功到自然成，当达到“六合”时，横拳的内劲也就找到了。

拳经曰：“出横不见横，见横不为能。”这是练习横拳的真谛。如何才能做到“出横不见横”呢？练习横拳只要做到斜身拗步，拳从前臂下出，钻出螺旋劲，使拳头之劲向斜前方螺旋而行就是横拳劲了。练横拳时决不可真的横拨，这就是“见横不为能”了。这不是横拳，应该叫“横拨拳”，学者当明鉴之。

五行连环拳

三、五行连环拳

五行连环拳又称“进退连环拳”，是在五行拳的基础上加进了“白鹤亮翅”和“狸猫上树”等动作组成的。结构紧凑，动作连贯，一去一回，往返动作相同。这里的“白鹤亮翅”其实是鹘形动作，“狸猫上树”是龙形动作。但学练五行连环拳必须是在五行拳之后、十二形之前。这时还没学十二形，故动作名称不能用鹘形和龙形的名称，只能称“白鹤亮翅”和“狸猫上树”。练习五行连环拳，可以进一步增强劈、崩、钻、炮、横拳的功力，并为学练十二形和其他套路打下坚实的基础。五行连环拳有多种练法，主要区别是“白鹤亮翅”之后的几个动作。本书介绍的是传统练法，供形意拳爱好者学习和参考。

（一）动作名称

1. 起势
2. 进步右崩拳
3. 退步左崩拳
4. 顺步右崩拳
5. 白鹤亮翅
6. 左炮拳
7. 退步横拳
8. 提步劈掌
9. 拨掌
10. 狸猫上树
11. 拗步崩拳
12. 顺步崩拳
13. 狸猫倒上树（回身）
14. 进步右崩拳
15. 退步左崩拳
16. 顺步右崩拳
17. 白鹤亮翅
18. 左炮拳
19. 退步横拳
20. 提步劈掌
21. 拨掌
22. 狸猫上树
23. 拗步崩拳
24. 顺步崩拳
25. 狸猫倒上树（回身）
26. 进步右崩拳
27. 退步左崩拳
28. 收势

（二）动作图解

1. 起势

（1）身体正立，双足足跟并拢，足尖外展，两臂在身体两侧自然下垂， 掌指向下，成立正姿势。目视前方。（图 3–1）

（2）双臂外旋，掌心向上，自身体两侧徐徐托起；随之双臂内旋，掌心向下，边握拳边向腹前按下；同时屈膝蹲身。气沉丹田，目视前方。（图 3–2）

（3）左拳不动，右臂外旋，右拳拳心向上，经胸前、颌前向面前钻出，高与眉齐。目视前方。（图 3–3）

（4）向前上左步成三体步； 同时双拳变掌，左掌掌心向下，掌指向前，向胸前劈出，右臂内旋，右拳按于腹前。气沉丹田，目视前方。（图 3–4）

图 3–1

图 3–2

图 3–3

图 3–4

要点：手脚齐到方为真。手指尖、鼻尖、足尖“三尖”要齐。精神贯注，气沉丹田。

2. 进步右崩拳

左足前进一步，右足跟进，重心在后成半蹲步；同时双手握拳，右臂内旋，右拳拳眼向上，向胸前崩出，左臂外旋，左拳拳心向上收至腹前。气沉丹田，目视前方。（图 3–5）

3. 退步左崩拳

右足向身后退半步成横足，随之左足擦地面向身后抽撤，当抽至右足后时，足跟向后蹬地，坐身成歇步；同时左拳拳眼向上，向胸前横出，右拳收至腹前。气沉丹田，目视前方。（图 3–6）

4. 顺步右崩拳

向前上右步成三体步；同时右臂内旋，右拳拳眼向上向胸前崩出，左臂外旋，左拳拳心向上收至腹前。气沉丹田，目视前方。（图 3–7）

图 3–5

图 3–6

图 3–7

要点：练崩拳时要时时沉肩坠肘，手脚齐到方为真。练退步左崩拳时，左足的后蹬与右足形成一个分挣力，要利索干脆，“崩拳似箭”，要崩出整劲。

5. 白鹤亮翅

（1）向下坐身；同时双臂内旋拧裹，双拳相对，分置于身体两侧，名“下鹘形”。拧头右视。（图 3–8）

（2）双足不动；双拳拳心向内，向头的前上方弧线交叉抬起，名“上鹘形”。目视前方。（图 3–9）

（3）双拳呈弧线经身体两侧落下，随双足并步屈膝蹲身时，啪的一声，右拳在腹前拍在左掌掌心内，名“中鹘形”。气沉丹田，目视前方。（图 3–10）

图 3–8

图 3–9

图 3–10

要点：以上动作要连贯协调，一气呵成。双足并立蹲身时要跺地发声，右拳拍在左掌掌心内要有啪的一声，两声要一致，展现出形意拳的刚劲。

6. 左炮拳

向体前上右步成三体步；同时左拳拳眼向上，向胸前打出，右拳上举立于右额前上方，成“拗步左炮拳”。气沉丹田，目视前方。（图 3–11）

要点：手脚齐到方为真。炮拳打出时要随之右拧身成“三尖”一条线。此炮拳是向前上右步，故身体正对前方，不是斜行的炮拳。

7. 退步横拳

向身体后退右步，重心后移仍成三体步；同时右臂外旋，右拳拳心向上，自左臂下向面前螺旋横出，左拳拳心向下落于腹前。目视前方。（图 3–12）

要点：出横拳时，一定要拧裹右臂，要拧出螺旋力，要“横拳似弹”。

8. 提步劈掌

左足提起贴于右足内侧成并步；同时双拳变掌，左掌掌心向下，掌指向前，自右臂上向胸前劈出，右掌收于腹前。目视前方。（图 3–13）

要点：左足提起与左拳劈出要同时完成，动作要轻快、干净、利索。

9. 拨掌

左足上步成三体步；左臂外旋拧裹，当左掌掌心向前时，向胸前横拨而回，右掌掌心向上，置于腹前。目视前方。（图 3–14）

要点：要手足齐至，力在左掌小指外沿。

图 3–11

图 3–12

图 3–13

图 3–14

10. 狸猫上树

（1）左足前进一步，随之右掌在前，左掌在后，向面前钻出，同时左足向前垫

一小步，向前纵身的同时右腿屈膝提起，足心向前踹出。目视前方。（图 3–15）

（2）承上势，右足向下踩落成半歇步，同时左掌掌心向下，自右臂上向胸前劈出，右掌掌心向下落于腹前，气沉丹田，目视前方。（图 3–16）

要点：在向前垫步纵身的同时要双钻拳，要踹腿。动作要协调一致，一气呵成。踩落之力在足心，劈掌之力在掌心，要刚劲有力。

11. 拗步崩拳

上左步，跟右足成半蹲步；同时双手握拳，右拳拳眼向上，向胸前崩出，左臂外旋，左拳拳心向上，收于腹前。目视前方。（图 3–17）

图 3–15

图 3–16

图 3–17

12. 顺步崩拳

上左步，跟右足，仍成坐蹲步。同时左臂内旋，左拳拳眼向上，向胸前崩出，右臂外旋，右拳拳心向上，收于腹前。气沉丹田，目视前方。（图 3–18）

要点：要打出沉实厚重的整劲，要"崩拳似箭"，崩出穿透力。

13. 狸猫倒上树（回身）

（1）在右足前扣左足，右转回身；同时双拳收于腹前。精神集中，拧头右视。（图 3–19）

（2）重心后移，右腿提膝横足，足心向前踹出；同时右臂外旋，右拳拳心向上向面前钻出，左拳拳心向下，置于腹前。目视前方。（图 3–20）

（3）右足踹落成横足，同时跪左膝，顶于右腿膝后并下坐成歇步；同时双拳变掌，左掌在上，右掌在下，一起向胸前劈下。气沉丹田，目视前下方。（图 3–21）

要点：以上动作要连贯协调，一气呵成。上身要正，不可俯身，不可撅臀。踹足时，双手在前，右足在前，仿佛小猫爬树一般，因是回身动作，故称"狸猫倒上树"。

图 3-18

图 3-19

图 3-20

图 3-21

14. 进步右崩拳 ~24. 顺步崩拳

动作同 2. 进步右崩拳 ~12. 顺步崩拳。

25. 狸猫倒上树（回身）

（1）在右足前扣左足，右转回身；同时双手握拳收于腹前。精神专注，拧头右视。（图 3-22）

（2）重心后移，右腿提膝横足，向前踹出；同时右臂外旋，右拳拳心向上，向面前钻出，左拳拳心向下，置于腹前。目视前方。（图 3-23）

（3）右足横踹落下成横步，跪左膝顶于右膝内，坐身成歇步；同时双拳变掌，左掌在上，右掌在下，一起向胸前劈出。气沉丹田，目视前方。（图 3-24）

图 3-22

图 3-23

图 3-24

26. 进步右崩拳

左足前进一步，右足跟进成坐蹲步；同时双掌变拳，右臂内旋，右拳拳眼向上，向胸前崩出，左臂外旋，左拳拳心向上，抽回腹前。气沉丹田，目视前方。（图 3–25）

27. 退步左崩拳

右足向身后退半步成横足，随之左足擦地面向身后抽撤，当抽至右足后时，足跟向后蹬地，坐身成歇步；同时左拳拳眼向上，向胸前横出，右拳收至腹前。气沉丹田，目视前方。（图 3–26）

28. 收势

（1）向身前上左步，再上右步成并步，屈膝蹲身；同时双拳拳心向下，停于腹前。气沉丹田，目视前方。（图 3–27）

（2）徐徐起身成立正姿势；双拳变掌，双手五指向下，自然垂于身体两侧。目视前方。（图 3–28）

要点：动作沉稳缓慢，神态专注，心平气和。

图 3–25

图 3–26

图 3–27

图 3–28

【注意事项】

练习五行连环拳时，要姿势正确、劲力饱满、套路完整、节奏鲜明，更要含有攻防意识。起势时要精神专注，进退三崩拳要一气呵成，要打出整劲。“白鹤亮翅”时动作要连贯舒展，劲力要刚劲明快。敌人进攻时，我可退步用横拳防守，守中更有攻，用提步劈掌、进步拨掌向敌人猛烈还击。敌人只得退身逃遁，于是急纵身追上前去，用“狸猫上树”手脚齐施攻击敌人，随后用拗步崩拳、顺步崩拳，快似连发之箭，攻向敌人，真可谓“脚踏中门抢他位，打破硬进无遮拦”。这样练，不仅劈、崩、钻、炮、横的功夫会更提高一层，而且能为学练十二形和其他套路打好基础，不仅练习了攻防技术，更能强健体魄、祛病延年。

附：李洛能五行拳讲义

劈拳讲义

劈拳性属金，是阴阳连环一气之起落也。气之一静，故形象太极；气之一动而生物，其名为横。横属土，土生万物，故内包四拳。按其五行循环之理，土生金，故先练劈拳，上下运用，有劈物之意，其形似斧，故名劈拳，所诸身内则为肺，劲顺则肺气和，劲谬则肺气乖。夫人以气为主，气和则体壮，气乖则体弱，故学者不可大意也。

初步歌：两手紧握，同变阴拳，左拳落出，肘顺胸前，高不过肩，力垂左肩；右手靠脐，肘至肋边，眼平舌卷，气降丹田。

换步歌：左足既开，右足大进，手足齐落，推挽两迅，左足斜跟，右足仍顺，指开心齐，后手肋近，手足与鼻，列成直阵。

转身歌：起势钻，落势翻，行如槐虫，起如挑担，若遇人多，三摇两旋，正是转身之谓也。

崩拳讲义

崩拳性属木，取之身内属肝，以拳之运用为崩拳。拳之性能是一气循环之往来，势如连珠箭，所谓崩拳似箭属木也。练之拳势顺，则肝舒气平养心神、增劲力，而无目疾、腿病之患；拳势逆，则伤肝，肝伤则两目晕花，两腿痿痛，一身失和，心火不能下降，拳也不得中立地步。然崩拳之势极简单，其练法：左足前进，右足相跟，相离四五寸；此势不换步，出左手进左足，出右手也进左足，学者于此拳中当细研究其妙道焉。

初步歌：左足先开，右足跟进，胫对左踵，腿曲势峻，两掌变拳，后阴前顺，顺者力挽，阴者前奋，两手互易，步法莫紊。

换步歌：左足再进，右足后跟，右手力挽，左拳阴伸，手足齐出，两手力均，后拳成阴，前拳要顺，目视前手，理要齐心。

转身歌：左扣右横，随时转身，右足横提，右拳阴伸，左拳仰抱，推挽力均，手足齐落，两拳半阴，后拳在肋，前拳齐心。

钻拳讲义

钻拳性属水，是一气之流通曲折无微不至也。钻上如龙突然出水，又似涌泉趵突上翻，所诸身内属肾，以拳中为钻拳，其拳快似闪电，形似突泉，所谓属水者是也。

拳势顺，则真劲突长，肾足气顺；拳势逆，则拙力横出，肾虚气乖，清气不上升，浊气不下降，真劲不长，拙力不化矣。学者当知此。

初步歌：左足先开，右足大进，足落拳钻，复拳宜迅，左足斜跟，右足应顺，前拳取鼻，后拳肘进，手足与鼻，列成直阵。

换步歌：右足已开，左足大进，右拳撤回，左拳前奋，右足紧跟，左足仍顺，手足齐落，换势莫紊，前拳取鼻，后拳齐心。

炮拳讲义

炮拳性属火，是一气之开合，如炮之突出，形最猛，性最烈，取诸身内属心，以拳为炮拳，形似烈火炮弹，所谓属火者是也。拳势顺，则身体舒畅，心气虚灵；拳势逆，则四肢若愚，心气也乖，关窍昧闭。学者务于深究此拳也。

初步歌: 左足先进,右足随之右斜左提,眼观一隅,掌变阴拳,右肋左脐,有如丁字,莫亢莫卑，两肘加肋，舌卷气息。

换步歌：右拳顺出，如石之投，左拳外翻，置之眉头，足提者进，与左拳眸，左右互换，勿用他求。

横拳讲义

横拳性属土，是一气团聚而后分散也，取诸身内为脾，脾属土，土旺则脏腑滋和，百疾不生，所为属土者是也，取之于拳为横拳。拳势顺，似土之活，滋生万物，五脏和霭，一气之灌溉；拳势逆，气努力拙，内伤脾土，五脏失调，外似死土，万物不生。故此拳为五拳之要素，学者宜慎思明辨之。

拳经云：左足退提，右足孤立，两手成拳，前阴后阳，阴者平肩，阳者肘匿，眼平身正，舌卷屏息，停时虽暂，厚其足力，足进而落，已成剪形，后拳外钻，前拳退形，钻翻小指，退与肘平，下拳横出，故以横名，手足变换，反用则成。

五行连环拳讲义

连环者，是五行变化合一之势也。五行分演，则谓之五行拳，而为五纲也；合演，则谓之七政，而为连环也。五拳合为一套，悠进悠退，循环连珠，陆离光怪，贯为一气，进退无常，故谓之进退连环拳。

练习连环拳，以五行拳为母，五拳未能习熟，不必学连环拳，此拳共有十六势，进退各法，往返练习范围也小，是亦有引长之法，练习于宽地也不见其短，引长之法，至十六势不转身，仍打崩拳，按前势则往复足六十四势矣。且连环拳法，以应用为主，连环拳可以连环用之，握之则成拳，伸之则成掌，故可变为连环掌，此徒手之运用也。刀、剑、棍、枪、戟、铲、鞭、锏无不可用，有刃者则砍，有锋者则刺，无锋刃者则打，不过手势之变化耳。故器械无论大小、长短、双单皆可包括无疑，苟明变化之功，何往而不应用哉。

五行生克讲义

五拳者，五行也。五行有生有克，而五拳也有生克之理，故有五行生克之谓也。夫五行火生于寅，旺于午，绝于亥，亥属水，故克火；水生于申，旺于子，绝在巳，巳属土，故克水；木生于亥，旺于卯，绝在申，申属金，故克木；金生于巳，旺于酉，绝在丙，丙属火，故克金；盖土旺于戊己，而衰败在卯木。如金能生水，水能生木，木能生火，火能生土，土能生金。相反者为克，顺者为生。就五行生克讲义，阴阳消长之理，如循环之无端，拳术之运用无穷也。五行拳合一演习，是谓之连环，单习是知致格物，总之在于明明德，在止于至善而已。先哲云：金止于劈，木止于崩，水止于钻，火止于炮，土止于横，五行各用其所当，于是明心见性，至止于至善，故拳明五行生克变化，则进道矣。

刘敬儒演练形意拳十二形（八十三岁）

白马扬蹄

鼍龙戏水

金鸡蹬腿

神鹘竖尾

饥鹰捉兔

黑熊献拳

懒龙卧道

燕子抄水

饿虎扑食

封侯挂印

鹞子入林

白蛇拨草

第三章 形意拳十二形

十二形者，龙、虎、猴、马、鼍、鸡、燕、鹞、蛇、鹘、鹰、熊是也。龙有缩骨之能，虎有扑食之勇，猴有纵山之灵，马有疾蹄之功，鼍有浮水之能，鸡有欺斗之勇，燕有抄水之精，鹞有入林之巧，蛇有拨草之能，鹘有竖尾之能，鹰有捉拿之力，熊有竖顶之功。形意拳十二形取这十二种动物的动作特点编排而成，既是精妙的攻防实战技巧，又是良好的强身健体方法。与五行拳相比，十二形又增加了许多手法、身法、腿法和步法，形象丰富、劲力全面。演练十二形要做到：拳法结合形象，形象合于拳法；形为体，拳为用，法为根。形意拳巨擘车毅斋云："象形取义，以意象形，形随意转，意自形生。"

一、龙形

（动作演练：韩燕鸣）

龙形

龙是我国古代传说中的神奇动物，形意拳老前辈在创编十二形时以龙为首，第一形就是龙形。

龙能张牙舞爪，于是龙形中就编有"游龙探爪"，练时要刚劲有力；龙能盘绕屈伸，于是龙形中就编有"金龙盘柱"，练时身体要柔韧，双手要屈伸自如；龙能兴云布雨，于是龙形中就编有"二龙取水"，练功时要双拳从颏下穿出，仿佛龙在吐水；龙能摆尾，于是龙形中就编有"乌龙摆尾"，练时要刚柔相济，抖出爆炸力；龙能升天，能入海，于是龙形中就有“贽龙升天”和“懒龙卧道”，练习“蛰龙升天”时要双足蹬力，全身节节贯通，抬头仰视，腾身而起，蹿得越高越好，练习“懒龙卧道”时要双膝交叉，俯身而伏，俯得越低越好，要练出龙的“缩骨之能”。总之，练习龙形一定要神发于目，威显于爪，力起于足，劲源于腰，在纵落起伏中周身关节节节贯通，刚柔相济中六合归一、形神一气。动作要矫健，腰身要柔韧，起落要迅捷，伸缩要自如。

（一）动作名称

1. 起势
2. 游龙探爪
3. 懒龙卧道
4. 蛰龙升天
5. 苍龙入海
6. 二龙取水
7. 神龙献爪
8. 云龙戏珠
9. 金龙盘柱
10. 乌龙摆尾
11. 游龙探爪
12. 懒龙卧道
13. 蛰龙升天
14. 苍龙入海
15. 二龙取水
16. 神龙献爪
17. 云龙戏珠
18. 金龙盘柱
19. 乌龙摆尾
20. 收势

（二）动作图解

1. 起势

从立正开始。握拳蹲身，双拳按于腹部，随之右拳拳心向上向面前钻出。上左步，成三体步；同时双拳变掌，左掌掌心向下，掌指向前，向胸前劈出，右掌按于腹前。目视前方。（图 4–1）

要点：精神集中，排除杂念，准备练习龙形。

2. 游龙探爪

（1）上右步成并步，屈膝蹲身；同时双掌五指弯曲，右掌向面前抓出，落于腹前，左掌掌心向前，五指弯曲向面前抓出。目视前方。（图 4–2）

（2）左掌落于胸前，右掌向面前抓出。气沉丹田，目视前方。（图 4–3）

要点：左掌落下与右掌抓出要同时，右掌落下与左掌抓出也要同时，再左掌落下、右掌抓出，共抓三次。动作要连贯快速，一气呵成。掌掌有力，力在掌与指。

图 4–1

图 4–2

图 4–3

3. 懒龙卧道

（1）前臂外旋，掌心向上，向面前穿出，右掌在前，左掌在后，高与眉齐；同时右腿提膝，足心朝前，向右掌下踹出。目视前方。（图 4–4）

（2）右腿横足落地，两腿交叉屈膝下坐成歇步；左掌向前下方按出，掌心向下，随之右掌落于身后，右掌高，左掌低，尽力向前俯身。目视左前下方。（图 4–5）

要点：起腿越高越好，尽力手脚贴在一起踹出。俯身要低，左掌掌指按在地面，仿佛懒龙卧于大道当中，任何人休想过去。

图 4–4

图 4–5

4. 蛰龙升天

（1）两掌变拳，两臂拧裹外旋，收于腹前；随之两前臂交叉，左拳在后，右拳在前，拳心向内，经胸前一齐向上钻出；同时双足用力蹬地，身体向上跃起，两腿在空中交叉后落地，右腿在前，左腿在后。昂首上视。（图 4–6）

（2）动作不停，下蹲成歇步；双拳变掌，右掌向身前地面劈下，掌心向下，左掌自然落于身后。气沉丹田，目视右掌。（图 4–7）

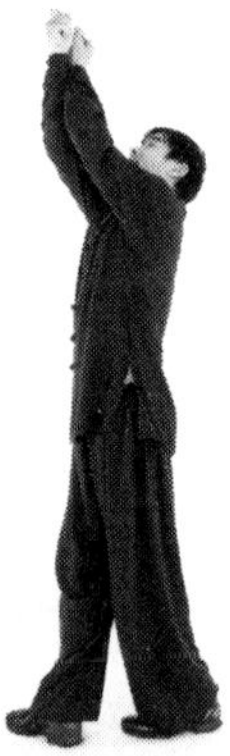

图 4–6

图 4–7

（3）接上势，两臂拧裹外旋，两掌变拳，收回腹前；随之两前臂交叉，右拳在前，左拳在后，拳心向内，经胸前一齐向上钻出；同时双足用力蹬地，身体向上跃起，两腿在空中交叉后落地，左腿在前，右腿在后。昂首上视。（图 4–8）

（4）动作不停，下蹲成歇步；双拳变掌，左掌向身前地面劈下，掌心向下，右掌自然落于身后。气沉丹田，目视左掌。（图 4–9）

图 4–8

图 4–9

要点：长身跃起时，蹿得越高越好；束身而落时，俯身越低越好。起如蛰龙升天，落如霹雳击地。空中换脚要快、干脆、有力，落地要沉实平稳。3 个“蛰龙升天”要一气呵成。

5. 苍龙入海

（1）起身，左足前进一步；随之双掌变拳，双臂拧裹外旋，当拧成拳心向上时，右拳在前，左拳在后，向面前钻出；同时左足向前垫步，纵身而出，右腿屈膝，足心朝前，向前踹出。目视前方。（图 4–10）

（2）右足向下踩落成半歇步；同时左掌掌心向下，向胸前弧线劈落，右掌自然落于腹前。气沉丹田，目视前方。（图 4–11）

要点：左掌劈、右掌收、右足踩一齐完成。踩落之足力达足跟，含截踩力。左掌劈出要落刚劲有力。

图 4–10

图 4–11

6. 二龙取水

上左步，重心前移成左弓步；同时双手握拳，拳心向上，经胸部向面前穿出，高与眉齐。目视前方。（图 4–12）

要点：双拳有力，从颌下穿出，仿佛拳从口出。

7. 神龙献爪

重心后移成右弓步，身体右倾；同时双拳变掌，右手五指弯曲，食指、中指探出，右前臂内旋，当掌心向上时，扬至右额上方，左手五指弯曲，食指、中指探出，左前臂内旋，当掌心向上时，向左腿外侧探出。昂首上视，又名“龙抬头”。（图 4–13）

8. 云龙戏珠

左足撤半步，左转身；右手伸二指向前探出，高与眉齐，右臂弯曲，左手手心朝下护于胸前。目视前方。（图 4–14）

要点：上步、探指要快，一气呵成，力在指端，意在戳敌双目，故名“戏珠”。

图 4-12

图 4-13

图 4-14

9. 金龙盘柱

（1）原地外摆左足，向左转体 90°；同时左臂内旋，屈肘、屈腕、屈指，左手变成勾手，手背贴左肋向身后插出。目视左手动作。（图 4-15、图 4-16 背面图）

（2）在左足前扣右足，向左转体 180°；同时右臂内旋，屈肘、屈腕、屈指，右手变成勾手，手背贴右肋向身后插出。目视右手动作。

（3）原地外摆左足，向左转体 180°；同时左臂内旋，屈肘、屈腕、屈指，左手变成勾手，手背贴左肋向身后插出。目视左手动作。

（4）在左足前扣右足，向左转体 90°；同时右臂内旋，屈肘、屈腕、屈指，右手变成勾手，手背贴右肋向身后插出。目视右手动作。

10. 乌龙摆尾

右转回身，上右足成三体步；同时右臂内旋，屈肘、屈腕，在胸前向下缠拨，随之右掌伸出，在胸前向左右摆动横打，左掌护于右肘内侧。目视前方。（图 4-17）

图 4-15

图 4-16 背面图

图 4-17

要点：发力时要双足扎地，气沉丹田，抖出丹田之力。由于右掌的左右抖动，形似龙摆尾，故名“乌龙摆尾”。

11. 游龙探爪 ~19. 乌龙摆尾

动作同 2. 游龙探爪 ~10. 乌龙摆尾。

20. 收势

（1）上左步成三体步；同时左掌掌心向下，向胸前弧线劈落，右掌掌心向下，落至腹前。目视前方。（图 4–18）

（2）上右步成并步，屈膝；同时双掌握拳收于腹前。气沉丹田，目视前方。（图 4–19）

（3）身体正立，双拳张开，掌指向下自然垂于体侧。目视前方。（图 4–20）

要点：动作要缓慢，精神贯注，气沉丹田。

图 4–18

图 4–19

图 4–20

二、虎形

（动作演练：刘敬儒）

虎形

“百兽之王”虎是最凶猛的动物，体态雄伟，神态威风，大吼一声，震撼山林，群兽为之避匿。虎为“山中之王”，所以形意拳第二形就是虎形。

虎有“三绝技”，《水浒传》第二十三回“景阳冈武松打虎”中有极其详细的、生动的描写。摘抄如下：

“那一阵风过处，只听得乱树背后扑地一声响，跳出一只吊睛白额大虫来。武松见了，叫声‘啊呀’从青石上翻得下来，便拿那条梢棒在手里，闪在青石边。那个大虫又饥又渴，把两只前爪在地下略按一按，和身往上一扑，从半空里蹿得下来。武松被那一惊，酒都做冷汗出了。说时迟，那时快。武松见大虫扑来，只一闪，闪在大虫背后。那大虫背后看人最难，便把前爪搭在地下，把腰胯一掀，掀将起来。武松只一躲，躲在一边。大虫见掀他不着，吼一声，却似半天里起个霹雳，振得那山岗也动，把铁棒也似虎尾倒竖起来，只一剪。武松却又闪在一边。原来那大虫拿人，只是一扑，一掀，一剪，三般捉不着时，气性先自没了一半。那大虫又剪不着，再吼了一声，一兜之将回来……”

这一扑、一掀、一剪就是虎的“三绝技”，虎形中自然也有这“三绝技”。“一扑”就是虎形中的“恶虎扑食”，“一掀”就是“虎掀”，“一剪”就是“白虎扫尾”。练习“恶虎扑食”时，要前足踩，后足蹬，力起于足，行于臀，臀部收回，气沉丹田，力行于脊背，沉肩坠肘，力量到手。扑出时还要两肘不离肋，两手不离心，神要威，力要猛，仿佛一辆坦克撞向土坯山墙，无坚不摧。练习“虎掀”时，要足掌用力拧动，掀胯要疾要猛，“外胯好似鱼打挺，就是神仙亦难防”。练习“白虎扫尾”时要身随步转，双拳打出迅猛如风。

虎也有闲逸时，所以虎形中有“伏虎听风”“卧虎观月”，以练习动中有静、静中有动、动静相兼的功夫。练习“猛虎跳涧”时，要收前足，双手屈腕贴胸上提于颌下，同时长腰蓄力，突然间，双足蹬地，向前纵身，落地时双手下扑，有如霹雳击地，迅猛有力。

总之，练习虎形不仅要练出沉厚的内力，还要练出虎的勇猛和神威。

（一）动作名称

1. 起势
2. 猛虎搜山
3. 伏虎听风
4. 卧虎观月
5. 虎抱头
6. 虎洗脸
7. 虎截
8. 虎掀
9. 虎托
10. 虎撞
11. 恶虎扑食
12. 恶虎扑食
13. 猛虎跳涧
14. 白虎扫尾

15. 猛虎搜山
16. 伏虎听风
17. 卧虎观月
18. 虎抱头
19. 虎洗脸
20. 虎截
21. 虎掀
22. 虎托
23. 虎撞
24. 恶虎扑食
25. 恶虎扑食
26. 猛虎跳涧
27. 白虎扫尾
28. 收势

（二）动作图解

1. 起势

从立正开始。握拳蹲身，双拳按于腹部；随之右拳拳心向上，向面前钻出，然后翻腕变掌按于腹前。上左步成三体步；同时左拳变掌，掌心向下，掌指向前，向胸前劈出。目视前方。（图 5–1）

要点：气沉丹田，精神贯注，做好“猛虎搜山”的准备。

2. 猛虎搜山

（1）上左步屈膝成蹲步，右腿屈膝半跪跟步；同时右臂外旋，右掌变半握拳，拳心向前，向膝前打出，左掌变拳落于腹前，拳心向下。目视右拳。（图 5–2）

（2）上右步屈膝成蹲步，左腿屈膝半跪跟步；同时左臂外旋，左手半握拳，拳心向前，向膝前打出，右拳落于腹前。目视左拳。（图 5–3）

（3）上左步屈膝成蹲步，右腿屈膝半跪跟步；同时右臂外旋，右手半握拳，拳心向前，向膝前打出，左拳落于腹前。目视右拳。（图 5–4）

要点：以上动作连贯，不能有停顿。仿佛猛虎在山林中搜寻猎物。

图 5–1　图 5–2　图 5–3　图 5–4

3. 伏虎听风

左足向前上半步，足尖外展，屈左膝与右膝贴拢成歇步；同时双拳变掌，双臂内旋拧裹，当掌心向外时分别向身体前后按出。右掌在身前，左掌在身后，掌指触地。气沉丹田，目视右掌。（图 5–5）

图 5–5

要点：歇步时俯身越低越好，仿佛猛虎卧于地面，拧着头，听着呼呼的风声。

4. 卧虎观月

上右足，足尖外展成横步，歇步下卧；同时向右拧腰仰身，当仰面朝天时，双掌掌心向上，向天空托出。目视双掌。（图 5–6）

要点：向右拧腰仰身时，身体仍保持歇步，仿佛猛虎卧山岗观赏明月。

5. 虎抱头

（1）震右足提左足，左足贴于右腿内侧成虚步；同时双臂外旋，双掌掌心向上，用力沉于腹前。目视前方。（图 5–7）

（2）上左步成三体步；同时双臂外旋，双掌自身体两侧向颈后翻起，当翻成掌心向前时，自颈后漫头向面前推打。气沉丹田，目视前方。（图 5–8）

要点：手脚齐到方为真。沉掌与提步要同时完成，上左步与漫头推打要同时完成。气沉丹田，双足扎地，沉肩坠肘，打出暗劲。

6. 虎洗脸

（1）退左步成三体步；同时右臂一边外旋拧裹，一边向面前掩护（图 5–9），当掩成右掌掌心对面部时，屈腕、屈指向腹部用力搂下。目视前方。

（2）退右步成三体步；同时左臂一边外旋拧裹，一边向面前掩护（图 5–10），当掩成左掌掌心对面部时，屈腕、屈指向腹部用力搂下。目视前方。

（3）退左步成三体步；同时右臂一边外旋拧裹，一边向面前掩护（图 5–11），当掩成右掌掌心对面部时，屈腕、屈指向腹部用力搂下。目视前方。

要点: 以上动作要连贯，一气呵成。“虎洗脸”时要气沉丹田，下拉之手要沉实有力，不可图快，不可飘浮，不要练成“猫洗脸”。

图 5–6

图 5–7

图 5–8

图 5–9

图 5–10

图 5–11

7. 虎截

（1）上左步成三体步；右臂内旋拧裹，当拧成掌指向上、小指外沿向前时（图5–12），向胸前屈臂砍出，沉实有力。目视前方。

（2）上右步成三体步；左臂内旋拧裹，当拧成掌指向上、小指外沿向前时（图5–13），向胸前屈臂砍出，沉实有力。目视前方。

（3）上左步成三体步；右臂内旋拧裹，当拧成掌指向上、小指外沿向前时（图5–14），向胸前屈臂砍出，沉实有力。目视前方。

要点： 动作不要轻浮，要稳扎稳打，力在前臂和肘尖。

图 5-12

图 5-13

图 5-14

8. 虎掀

（1）以双足为轴，向右拧身回头，转体 180°；同时双臂内旋，拧裹用力，右肘尖外顶成弓步，左胯向外撞打。撞打时要气沉丹田，目视前方。（图 5-15）

（2）以双足为轴，向左拧身回头，转体 180°；同时双臂内旋，拧裹用力，左肘尖外顶成弓步，右胯向外撞打。撞打时要气沉丹田，目视前方。

要点：足、手、臂、身要协调用力，配合胯部撞出的爆炸力，又名“胯打”。撞出时似鲤鱼打挺，所以拳经云：“外胯好似鱼打挺，就是神仙亦难防。”

9. 虎托

（1）双足足跟蹬地成挫步；双臂外旋，掌心向上，沉于腹前。目视前方。（图 5-16）

（2）上左足成三体步；双掌掌心向上，掌指向前，向胸前托出。目视前方。（图 5-17）

图 5-15

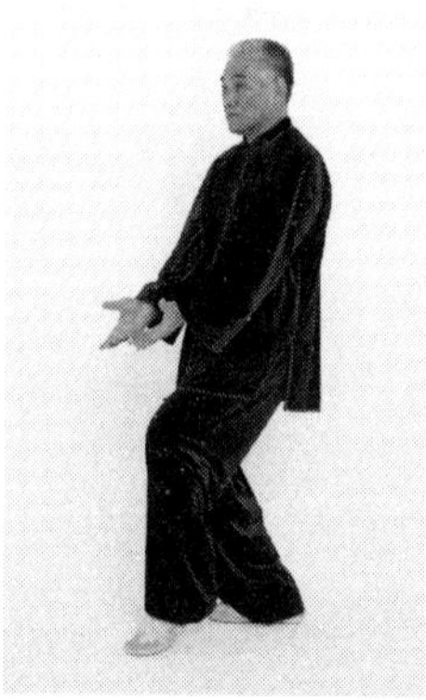

图 5-16

图 5-17

要点：上下要协调，双掌托出有力，沉肩坠肘，气沉丹田。

10. 虎撞

接上势，双手握拳，向上、向内翻动。当翻至拳心向下时，上左步成三体步；同时双拳撞出。气沉丹田，目视前方。（图 5–18）

要点：手脚齐至，气沉丹田，撞出之力要刚。

11. 恶虎扑食

（1）上左步，提右足贴于左足内侧成虚步；同时双臂外旋拧裹，当翻成拳心向上时，双拳向腹前沉下。目视前方。（图 5–19）

（2）向身体右前方上右步，跟左步成三体步；同时双拳变掌，双臂内旋拧裹，当翻成掌心向下、掌指向前时，双掌向胸前扑出。目视前方。（图 5–20）

要点：气沉丹田，猛力扑出，劲力要实、要沉、要猛，无坚不摧。

图 5–18

图 5–19

图 5–20

12. 恶虎扑食

（1）上右步，提左足贴于右足内侧成虚步；同时双掌变拳，双臂外旋拧裹，当翻成拳心向上时，双拳向腹前沉下。目视前方。（图 5–21）

（2）向左前方上左步，跟右步成三体步；同时双拳变掌，双臂内旋拧裹，当翻成掌心向下、掌指向前时，双掌向胸前扑出。目视前方。（图 5–22）

要点：气沉丹田，猛力扑出。劲力要实、要沉、要猛，无坚不摧。

13. 猛虎跳涧

（1）先撤右足，再撤左足，左足尖点地成虚步；同时双掌掌心向内、掌指向下，屈肘、屈腕，自下向上贴着前胸提至颌下；随之长腰长身，准备向前纵扑。目视前方。

（图 5–23）

（2）向前上左足垫步，随之双足离地，向前纵出；同时双掌掌心向下，掌指向前，向胸前扑出。气沉丹田，目视前方。（图 5–24）

图 5–21　图 5–22　图 5–23　图 5–24

要点：双足蹬地要用力，跳得越远越好。双足落地后成三体式，身体要低，落步要稳。扑出之掌沉实有力。

14. 白虎扫尾

在左足前扣右足，原地摆左足，再扣右足摆左足，再扣右足上左足成三体步，共转体 450°；同时双手握拳，拳眼向上，左拳在前，右拳在后，在体前抡臂打出。目视前方。（图 5–25）

要点：转体 450° 要一气呵成。左拳打出时要气沉丹田，打出浑身之力。

15. 猛虎搜山 ~27. 白虎扫尾

动作同 2. 猛虎搜山 ~14. 白虎扫尾。

28. 收势

（1）收左足与右足并立，屈膝蹲身；同时双臂内旋，双拳沉于腹前。目视前方。（图 5–26）

（2）身体正立，头正颈直，松肩松臂，双拳变掌，掌指向下垂于身体两侧。目视前方。（图 5–27）

要点：动作徐缓，松静自然，心平气和，气沉丹田。

图 5-25

图 5-26

图 5-27

三、猴形

（动作演练：韩燕鸣）

猴形

猴生长在深山茂林中，是最为轻巧、灵敏、机警的动物，能攀援、跳涧、飞身、坠枝、摘果。驯养在动物园中的猴儿们能爬杆、掏绳、争食，出尽怪相，扮尽鬼脸，活泼可爱，逗得观众不时爆发出阵阵的笑声。

传统武术有猴拳，练猴拳的人必须模仿猴的形态和动作，一举一动无不像猴，搔毛、抓挠、挤眉弄眼，生动形象。而形意拳的猴形则不同，绝不允许挤眉弄眼、爬行、蹦跳。虽要像其形，更要取其意，要把技击含义赋予每个动作之中。所以，猴形的主要动作是挂印、掏绳、爬杆等。练习“猴掏绳”时，双手掏动，其快无比。练习“猴扒杆”时，要向前纵身，身轻步灵，迅捷异常。所以，练习猴形必须做到快、灵、警、活、巧。

我的恩师骆兴武先生给我讲述了一个故事，使我领悟了猴形的真谛。骆先生有一好友，是个大财主，在家里养有两只大马猴，供自己玩耍和观赏。朋友说：“你敢逗一逗这猴吗？”骆先生毫不犹豫地说：“可以！”说着拿起了一根5尺长的腊杆，冲着猴子捅去。这时候那朋友已把猴子从大铁笼中放了出来。说时迟，那时快，眨眼的时间，那猴子已蹿了上来，扒着腊杆，啪啪两下已抓到骆先生眼前。啊！太危险啦！骆先生说：“我急中生智，一下子把杆子摔在地上。猴子失去重心，一个前栽，来了个狗吃屎，一下子蹿了出去。我拿杆子再逗它，它只是眨眨眼，再也不过来了。”骆先生说着从椅子上站了起来，来到院中给我们讲解猴形的练法：如何爬杆，如何捯绳。师父当时已年过 60 岁，患有严重疝气，走路都不方便，但练起猴形来，浑身机敏轻灵，使我大开眼界。师父说："你打过来！"于是我一拳向师父胸前打去，只见师父两手在我臂上轻轻一按，前手已抓向我的眼前，太快了！师父说："这就是猴爬杆。"师父的一席话以及示范讲解，让我真正地领悟了猴形的真谛：就是快，就是灵，就是意动身随，一动就到你的眼前。"猴有纵山之灵"，其意大概如此。

（一）动作名称

1. 起势
2. 猿猴出洞
3. 猴转身
4. 猴捯绳
5. 猴爬杆
6. 猴转身
7. 猴捯绳
8. 猴爬杆
9. 猴转身
10. 退步三闪
11. 进步猴挠
12. 猿猴蹬枝
13. 猿猴坠枝
14. 猿猴坠枝
15. 猿猴蹬枝
16. 白猿偷桃
17. 白猿献桃
18. 封侯挂印
19. 猿猴归洞
20. 收势

（二）动作图解

1. 起势

从立正开始。握拳蹲身，双拳按于腹前；随之右拳拳心向上，向面前钻出。上左步成三体步；双拳变掌，左掌掌心向下，掌指向前，向胸前劈出，右掌按于腹前。目视前方。（图 6–1）

要点：精神集中，排除杂念。

2. 猿猴出洞

左足足尖微向里扣，半屈膝，右腿屈膝下蹲成半仆步；同时向下俯身，双手五指弯曲，虎口圆开相对。目视双手。（图 6–2）

要点：俯身越低越好，仿佛灵猴机警地向外窥视，寻路出洞。

3. 猴转身

在左足尖前扣右足，向左拧身 135° ，屈膝蹲身成半仆步；同时双手握拳，左臂拧裹外旋，当拳心向上时，左拳向面前钻出，右拳置于左肘之下，拧头前视。（图 6–3）

要点：坐身要低，动作要协调，拧动要灵活，神情要机警，仿佛身后有敌偷袭。

图 6–1

图 6–2

图 6–3

4. 猴掴绳

向身后退左步，右足跟撤半小步成虚步；同时双拳变掌，掌心朝上，五指弯曲，右手自左手下向前掴出，左手再自右手下向前掴出，右手又自左手下向前掴出。目视前方。（图 6–4）

要点：上下掴出动作要协调，动作要快速轻灵，掌指回勾有力。

5. 猴爬杆

（1）右腿屈膝提起成独立步；同时双臂拧裹内旋，右掌掌心向前，掌指向上，右肘置于右膝之上，左掌落于腹前。瞪视前方。（图 6–5）

（2）向前纵右足，左足在后垫步，再纵右步，足尖点地成虚步；同时先右手再左手再右手连续向前抓出三下。目视前方。（图 6–6）

图 6–4

图 6–5

图 6–6

要点：手足动作要连贯，身体纵得越高越远越好，身体要轻灵，动作要敏捷，手的抓动要快速，指端有力。

6. 猴转身

在右足前扣左步，向右拧身 90°，左腿屈膝成半仆步；同时双掌变拳，右臂拧裹外旋，右拳拳心向上向面前钻出，左拳沉于右肘之下。拧头前视。（图 6–7）

要点：坐身要低，神情要机警，以防背后有敌偷袭。

7. 猴掴绳

向身后撤右步，左足随撤小半步，成左虚步；同时双拳变掌，掌指微屈，左手向前掴回，右手又掴，左手再掴，成左手在前的姿势。目视前方。（图 6–8）

要点：手足动作要协调、灵敏，手指要有力。

8. 猴爬杆

（1）左腿屈膝提起成独立步；同时双手五指弯曲如猴爪，双臂内旋，当掌心向前，掌指向上时，左肘置于左膝上，右手落于腹前，停身瞪视。（图 6–9）

（2）随之向前纵左步，垫右步，再纵左步，落地时足尖点地成虚步；同时先左手再右手再左手，连续向面前抓三下。目视前方。（图 6–10）

要点：手脚动作要协调、连贯、敏捷。纵步越高越远越好。身体要轻灵，双手抓动要连续快速。

9. 猴转身

在右足前扣左足，向右拧转回身 45°，同起势方向时，屈膝成半仆步；同时双手握拳，右臂拧裹外旋，当翻成拳心向上时，右拳向面前钻出，左拳置于右肘之下。拧头前视。（图 6–11）

要点：坐身要低，拧转要灵活，神情要机警，以防背后敌人的偷袭。

10. 退步三闪

撤右步，左步跟撤小半步成虚步；同时双掌掌心向前，五指弯曲如猴爪，先右手再左手再右手，连续快速在胸前向内抓挠。目视前方。（图 6–12）

要点：上下动作要协调，双手抓挠要灵活快速。

图 6–7

图 6–8

图 6–9

图 6–10

图 6–11

图 6–12

11. 进步猴挠

屈膝上左步，同时左手掌指向前，在面前向左抓挠；再上右步，右手抓挠（图 6–13）；再上左步，左手抓挠。目视前方。

要点：要屈膝坐身走矮步，如猴行一般。动作要协调、灵活、快速，掌指有力。

12. 猿猴蹬枝

重心左移，向左侧身，同时左掌屈指、屈腕，向右额上方勾捋，右腿屈膝提起，用脚心向身体右前方蹬出，右手勾手落于右腿之上。目视前方。（图 6–14）

要点：蹬腿要缩身，方便灵活，腿不可蹬直，方轻捷快速，但并非轻飘，要内含力量，一招制敌。

13. 猿猴坠枝

上右足，右掌掌心向上伸于左掌前，双掌成掳带姿势；同时左腿屈膝提起，足心朝前向右前方横踹。目视前方。（图 6–15）

要点：上步、提腿横踹要敏捷快速，同时要含胸缩身，动作灵活，有猴态。

图 6–13

图 6–14

图 6–15

14. 猿猴坠枝

落左足，向左拧身的同时双掌上下翻转；当翻成右掌前、左掌后成掳带姿势时，左腿屈膝提起，左足向身前踹出。目视前方。（图 6–16）

要点：上下动作要协调敏捷，换手掳带要灵活，踹腿时缩上身，方有猴态，动作也最灵活。

15. 猿猴蹬枝

落左足，重心左移，向左侧身；同时左掌屈指、屈腕向右额上方勾捋，右腿屈膝提起向外横蹬，随之右臂内旋，右掌成勾手横架于右腿外侧。目视前方。（图 6–17）

要点：蹬腿要缩身，腿不可蹬直，轻捷快速，但并非轻飘，要内含力量，一招制敌。

16. 白猿偷桃

落右足与左膝交叉成歇步；同时右臂屈肘、屈腕、屈指向胸前抓出，随之左手向右手前抓下，右手再向面前抓出。目视前方。（图 6–18）

要点：动作要敏捷快速，右手向前抓对方的脸。

图 6–16

图 6–17

图 6–18

17. 白猿献桃

（1）坐身，向身后撤右步，跟左步；同时双臂拧裹外旋，双掌掌心向上时向腹部沉砸。目视前方。（图 6–19）

（2）上左步跟右步成三体步；同时双掌掌心向上，掌指外展，掌腕贴拢，向面前托出。目视前方。（图 6–20）

要点：向后挫步与向前上左步要紧凑，一气呵成。

18. 封侯挂印

原地轻动右足，右掌掌心向下，掌指向前插出，随即上左足，足尖点地成虚步，同时左掌掌心向下，掌指向前，在右掌之上向前插出。目视前方。（图 6–21）

要点：双掌穿出要快，力在指端，戳敌面部。

图 6–19

图 6–20

图 6–21

19. 猿猴归洞

向身后撤右足，右掌掌心向下，掌指向前，自左臂下向前插出，随之撤左足成左仆步，左掌掌心向下，用小指外沿向右手前横切。如此后撤 3 次或 4 次，直到回到起势处为止。目视前方。（图 6–22）

要点：退步坐身，越来越低，当到起势处时，俯身，向前窥视。

20. 收势

（1）上右足，与左足并步，屈膝蹲身；同时双手握拳，拳心向内，落于腹前。目视前方。（图 6–23）

（2）起身立正，头正颈直，松肩，松臂，双拳变掌，双手五指向下自然垂于身体两侧。目视前方。（图 6–24）

要点：动作沉稳，心静自然。

图 6–22

图 6–23

图 6–24

四、马形

（动作演练：胡耀武）

马形

马是仁义之兽，善知人意，有体力，善奔跑。赤兔、乌骓、黄骠、白龙等都是千里名驹，汗血宝马更是无价之宝。拳经云：“马有疾蹄之功。”何谓疾蹄？疾就是快，蹄是马蹄子。但是，我们练马形，不是练跑得快，去参加马拉松比赛，而是模仿马蹄子的动作，寓技击于内，练习自卫防身的本领。

本书介绍的马形套路，是 1965 年赵砚波师兄教给我的。赵砚波师兄是尚云祥的大弟子赵克礼的徒弟，跟我算叔伯师兄弟。这套马形中除了人们经常练的单马形、双马形外，还有儿马兜裆、白马扬蹄、野马撞槽、信马由缰等。尤其是儿马兜裆、白马扬蹄、野马撞槽，动作形象生动而且实用。儿马兜裆：当敌人向我面前打来时，我急忙提腕向面前扬起，拦截对方来手，同时微仰身，抬起前足，早已踢向对方裆部，每踢必中。白马扬蹄：仿佛野马突然惊怍，前蹄扬起，立身嘶叫，又形象又威风，好不厉害！野马撞槽：突然双蹄下刨，向前撞打，势不可挡，仿佛野马被拴在槽上，野性难收，挣脱缰绳，把槽撞倒，急奔而去。信马由缰：动作形象优美，仿佛一匹骏马在茫茫的草原上急驰或漫步，悠闲自得。总之，这套马形我非常喜欢，也非常珍惜。今天，不敢自秘，献给大家，作为对赵砚波师兄的缅怀和纪念吧！

（一）动作名称

1. 起势
2. 乌骓踏雪
3. 儿马兜裆
4. 白马扬蹄
5. 野马撞槽
6. 儿马兜裆
7. 白马扬蹄
8. 野马撞槽
9. 骏马回身
10. 骕马刨地
11. 青骢疾蹄
12. 信马由缰
13. 赤兔追风
14. 骏马回身
15. 收势

（二）动作图解

1. 起势

从立正开始。屈膝蹲身，双手握拳，落于腹前；随之右拳拳心向上，向面前钻出。上左步成三体步；同时双拳变掌，左掌掌心向下，掌指向前，向胸前劈出，右掌按于腹前。目视前方。（图 7–1）

2. 乌骓踏雪

（1）上左步，提右足，贴于左足内侧成虚步；同时双掌变拳，拳心向上，向腹前用力沉下。目视前方。（图 7–2）

（2）向身体右前方上右步，跟左步成三体步；同时双臂内旋拧裹，翻成拳心向下时，右拳在前，左拳在后，一起向胸前用力撞击。目视前方。（图 7–3）

（3）上右步，提左足，贴于右足内侧成虚步；同时双拳拳心向上，向腹前用力沉下。目视前方。（图 7–4）

（4）向身体左前方上左步，跟右步成三体步；同时双臂内旋拧裹，翻成拳心向下时，左拳在前，右拳在后，向胸前用力撞击。目视前方。（图 7–5）

要点：双拳下沉时含有砸力，还要含粘贴力。双拳撞出时要气沉丹田，要含下栽之力，形如马蹄踏地一般。

3. 儿马兜裆

向右前方上右步，左腿屈膝成蹲弓步；同时双拳拳心向前向裆前兜打而出。气沉丹田，目视前方。（图 7–6）

要点：转身要敏捷，兜裆时尽力蹲身，沉肩坠肘，兜出丹田之力。

图 7–1

图 7–2

图 7–3

图 7–4

图 7–5

图 7–6

4. 白马扬蹄

重心左移成独立步，随之上身稍后仰，屈右膝，右足向胸前扬起；同时双臂内旋拧裹，屈腕，双拳向面前上方提起。目视前方。（图 7–7）

要点：当双腕提起，仰身扬足时，仿佛一匹骏马前蹄扬起，立身嘶叫一般。

5. 野马撞槽

（1）紧接上势，双拳拳心向下，向右膝前刨下。目视前方。（图 7–8）

（2）落右步，跟左步成三体步；同时双拳拳心向下，右拳在前，左拳在后，向胸前撞打。随后上步、跟步再撞打一次。气沉丹田，目视前方。（图 7–9）

要点：动作要连贯，上下要协调，一气呵成。连续撞打两次，又急又有力，仿佛一匹野马挣脱缰绳，横冲直撞，撞翻马槽，急驰而去。

图 7–7

图 7–8

图 7–9

6. 儿马兜裆

向身体左前方上左步，左腿弯曲，右腿屈膝抬足成跟跪步跟进；同时双拳拳心向上，向裆前兜打。气沉丹田，目视前方。（图 7–10）

要点：转身要敏捷，兜打时沉肩坠肘，打出内刚之力。

7. 白马扬蹄

重心右移成独立步，随之上身稍后仰，左腿屈膝扬起；同时双臂内旋拧裹，屈腕，双拳向面前上方提起。目视前方。（图 7–11）

要点：“白马扬蹄”仿佛一匹野马昂首立身、扬蹄、嘶鸣一般。

8. 野马撞槽

（1）左小腿收回，双拳拳心向下，向左膝前迅速刨下。日视前方。（图 7–12）

（2）落左步，跟右步成三体步；同时双拳拳心向下，左拳在前，右拳在后，向胸前撞打。随后上步再撞打一次。气沉丹田，目视前方。（图 7–13）

要点：要连续急速撞打两次，仿佛一匹野马横冲直撞，野性难驯，撞槽而去。

9. 骏马回身

（1）在右足前扣左步，右转回身；同时双臂外旋拧裹，当拳心向上时，右拳在左拳下面向右横展，贴于右胯前。目视前方。（图 7–14）

（2）上右步成三体步；同时双臂内旋拧裹，当翻成拳心向下时，右拳在前，左拳在后，一起向胸前用力撞击。目视前方。（图 7–15）

要点：扣步转身要敏捷。右拳在左臂下横展时要有向下沉压粘贴之力。

图 7–10

图 7–11

图 7–12

图 7–13

图 7–14

图 7–15

10. 骕马刨地

退右步震足，并步屈膝；同时双臂弯曲，沉肩坠肘，双拳拳心向身后兜打。气沉丹田，目视前方。（图 7–16）

要点：并步震足的同时向身后兜打，要有力量，仿佛一匹难驯的劣马，四蹄蹦跳，前蹬后刨，不受管教。

11. 青骢疾蹄

（1）上左步成三体步；同时左拳拳心向下，腕部微屈，向胸前栽打，右拳沉于左肘之下，气沉丹田，打出内刚之力。目视前方。（图 7–17）

（2）摆左足，上右步成三体步；同时右拳拳心向下，腕微屈，自左臂上向胸前栽打，左拳沉于右肘之下。目视前方。（图 7–18）

（3）上左步，跟右步成三体步，左拳向胸前栽打，打出内刚之力。（图 7–19）

要点：以上三次栽打，一次比一次速度快，仿佛野马狂奔，故名“青骢疾蹄”。

图 7–16

图 7–17

图 7–18

图 7–19

12. 信马由缰

向前上左步跟右步成三体步；同时双拳拳心向下，左前右后如马蹄向胸前打出，随之双足向前垫步，双拳再次打出，又双足垫步，双拳又打出，垫步出拳次数不限。目视前方。（图 7-20）

要点：双拳打出一次又一次，仿佛骑在马上，任马前行，故名“信马由缰”。

13. 赤兔追风

双足用力蹬地，离地而起向前纵出；同时双拳拳心向下，左拳在前，右拳在后，一起向前撞出，又名“野马跳涧”。目视前方。（图 7-21）

要点：纵出越远越好，双足落地时双拳恰好打出，气沉丹田，打出内刚之力。

14. 骏马回身

（1）左足前扣右步，左转回身，提左足于右足内侧成虚步；同时双臂外旋，当拳心向上时，左拳在右拳下面向左横展。目视前方。（图 7-22）

（2）上左步成三体步；同时双臂内旋拧裹，当翻成拳心向下时，左拳在前，右拳在后，一起向胸前撞出。目视前方。（图 7-23）

要点：扣步转身要敏捷。左拳横展时要向下沉压有粘贴之力。

15. 收势

（1）上右足，并步蹲身；同时双拳拳心向下，按于腹前，气沉丹田，目视前方。（图 7-24）

（2）起身，成立正姿势，松肩，松臂，双拳变掌，手指向下，自然垂于身体两侧。目视前方。（图 7-25）

要点：精神贯注，心平气和，松静自然。

图 7-20

图 7-21

图 7-22

图 7-23

图 7-24

图 7-25

五、鼍形

（动作演练：贾永安）

鼍形

鼍即扬子鳄，又名“猪婆龙”，产在长江流域，长丈余，力大而灵敏。它能两肢向前划水，故有浮水之能。练习鼍形时要摇膀活胯，左右拨打前行，要刚柔相济，不可图快而轻浮。《新华字典》也有解释：“鼍龙，俗称猪婆龙，爬行动物，是鳄鱼的一种，皮可蒙鼓。”

我的恩师骆兴武先生最爱练鼍形，他说：“鼍形是恩师郝恩光先生一手一手教的，我每天都模仿郝先生那个样子练，练了整整一年才有点像。”骆先生练的鼍形确实不一般，不但力量沉重浑厚，而且体态十分威武，充分体现了鼍的“浮水之能”，更含有翻江搅海之力。在北京市武术大会上，骆先生经常表演鼍形，虽然只是一个非常简单的浮水动作，但获得全场无比热烈的掌声。门惠丰先生每次见到我都说：“骆先生练的鼍形就是与众不同，看骆先生练拳就是过瘾，长精神！”

（一）动作名称

1. 起势
2. 鼍龙分水
3. 鼍龙戏水
4. 鼍龙浮水
5. 鼍龙抖水
6. 猪婆倒水
7. 乌鼍扒沙
8. 乌鼍推沙
9. 鼍龙回身
10. 鼍龙分水
11. 鼍龙戏水
12. 鼍龙浮水
13. 鼍龙抖水
14. 猪婆倒水
15. 乌鼍扒沙
16. 乌鼍推沙
17. 鼍龙回身
18. 收势

（二）动作图解

1. 起势

从立正开始。屈膝蹲身，双手握拳，落于腹前，随之右拳拳心向上向腹前钻出。上左步成三体步；同时双拳变掌，左掌掌心向下，掌指向前，向胸前劈落，右掌掌心向下，按于腹前。气沉丹田，目视前方。（图 8–1）

要点：精神贯注，气沉丹田，做好“鼍龙分水”的准备。

2. 鼍龙分水

（1）上左步，提右足贴于左足内侧成并步；同时双手成鼍形手，右前臂外旋，当掌心向上、掌指向前时，右手自左臂上向面前穿出。斜视右前方。（图 8–2）

（2）向右前方上右步，屈膝坐身成半弓步；同时右臂内旋拧裹，右手握拳，当拳心向下时，屈右肘横前臂，用前臂外沿向前撞出，左掌推在右前臂内侧助力。气沉丹田，目视前方。（图 8–3）

（3）上右步，提左足贴于右足内侧成并步；同时双手成鼍形手，左前臂外旋，当掌心向上、掌指向前时，左手自右臂上向面前穿出。斜视左前方。（图 8–4）

（4）向左前方上左步，屈膝坐身成半弓步；同时左臂内旋拧裹，左手握拳，当拳心向下时，屈左肘横前臂，用前臂外沿向前撞出，右掌推在左前臂内侧助力。气沉丹田，目视前方。（图 8–5）

要点：姿势要低，劲力要整，力在前臂外沿，有撞击感。

图 8–1

图 8–2

图 8–3

图 8–4

图 8–5

3. 鼍龙戏水

（1）向身后撤右步，同时双手成鼍形手，左臂屈肘、屈腕、屈指内旋，在胸前向下缠拨。目视前方。（图 8–6）

（2）撤左步，右臂屈肘、屈腕、屈指内旋，在胸前向下缠拨。目视前方。（图 8–7）

要点：可向身后撤四步，撤到起势处止。但左右手的胸前缠拨可四次也可五次。撤步越来越快，手的缠拨也随着加快，因而要手足灵活，力在掌指和掌腕。双手缠拨如同拨水而戏，故名“鼍龙戏水”。

4. 鼍龙浮水

（1）向左前方上左步，同时左手向腹部外旋翻动，当手心向上时左臂内旋，手心向前，用鼍形手向面前拨打，右手置于左臂下。目视左手动作。（图 8–8）

（2）向右前方上右步，同时右手向腹部外旋翻动，当手心向上时右臂内旋，手心向前，用鼍形手向面前拨打，左手置于右臂下。目视右手动作。（图 8–9）

图 8-6

图 8-7

图 8-8

图 8-9

（3）上左步练左鼍形，上右步练右鼍形，再上左步成三体步，同时左臂内旋，手心向下，用右鼍形手向面前拨打。目视前方。（图 8-10）

（4）上左步，左鼍形手不动。左臂内旋，手心向下，用左鼍形手向面前拨打。目视前方。（图 8-11）

（5）左步不动，用右鼍形手再向面前拨打，双手一齐在前时向前俯身，双手随身体左右摇摆。目视前方。（图 8-12）

图 8-10

图 8-11

图 8-12

要点: 先练习左右四个鼍形，称“左右云手”，再练向前的左右鼍形，称“平云手”。前四个云手是模仿鼍的向前划水，最后一个云手模仿鼍的泅行，故名“鼍龙浮水”。练此式要动作协调，圆活自如，劲力完整，刚柔相济。

5. 鼍龙抖水

（1）左转身 90°，上左步，提右足，贴于左足内侧成并步；同时右掌外旋向腹前拧翻，随之左掌内旋拧翻，当拧翻成掌心向外、掌指向上时成鼍形手，向左额前

方拨打，右手置于左臂下方。目视左手动作。（图 8–13）

（2）随之上右步，左足提起贴于右足内侧成并步；同时左掌外旋向腹前拧翻，右掌内旋拧翻，当拧翻成掌心向外、掌指向上时成鼍形手，向右额前方拨打，左手置于右臂之下。目视右手动作。（图 8–14）

（3）上左步成三体步；左鼍形手向左额前方拨打，随之左臂外旋拧裹，当拧裹成掌心向内、掌指向上时，向左右抖打。目视左手动作。（图 8–15）

（4）向身后撤右步；同时右掌内旋拧翻，当翻成掌心向外、掌指向上时成右鼍形手，向右额前方拨打。目视右手动作。（图 8–16）

（5）上左步成三体步；同时左掌内旋拧翻，当拧翻成掌心向外、掌指向上时成左鼍形手，向左额前方拨打。目视左手动作。（图 8–17）

（6）上右步成三体步；同时右鼍形手拨打，随之右臂外旋拧裹，当拧裹成掌心向内、掌指向上时，向左右抖打。目视前方。（图 8–18）

图 8–13

图 8–14

图 8–15

图 8–16

图 8–17

图 8–18

要点: 左“鼍龙抖水”与起势方向成 90°，右“鼍龙抖水”与左“鼍龙抖水”是背对，与起势方向也成 90°。练习时一定要摇膀活胯，沉肩坠肘，气沉丹田，刚柔相济。“抖水”时要打出“抖劲”，力在前臂和掌指。

6. 猪婆倒水

（1）面向起势方向撤左步成三体步；同时双臂外旋拧裹，双掌变拳，当拳心向上时，先左拳，再右拳，再左拳，连续快速三次向面前钻出。目视前方。（图 8–19）

（2）右足后撤半步成虚步；同时双臂内旋拧裹，当双拳拳心向下时，右拳向头前上方抬，左拳向腹前按。目视前方。（图 8–20）

（3）向前上右步成三体步；同时右臂外旋拧裹，当拳眼在上时，右拳向胸前砸下，左拳收于腹前。气沉丹田，目视前方。（图 8–21）

图 8–19

图 8–20

图 8–21

要点：动作要协调，劲力要完整。三个钻拳要连贯快速，右抬左按，进步下砸时，要沉肩坠肘，气沉丹田，砸沉有力。

7. 乌鼍扒沙

撤左步，跟撤右步成虚步；同时双拳变掌，双臂内旋向体前两侧分开，随后弧线绕回，当双掌在面前时，向腹前扒下。目视前方。（图 8–22）

要点：动作要协调，向下扒动时要含胸，力在掌心和掌指。

8. 乌鼍推沙

向前上右步跟左步成三体步。同时双掌向身前推出。气沉丹田，目视前方。（图 8–23）

要点：鼍要上岸，于是扒沙，身体上岸后，不由得向前推沙。练习时都要沉肩坠肘，力量才能到手。

9. 鼍龙回身

（1）向身前上左步成三体步；同时左臂外旋拧翻，翻成掌心向上时，握拳向面前穿出，右手握拳置于左肘下。目视前方。（图 8–24）

（2）扣左足，右转回身，摆右足；同时右臂内旋拧裹，向右横缠拨，左臂内旋，左拳置于腹前。目视前方。（图 8–25）

（3）向身前上左步成三体步；同时左臂内旋，左拳变掌，掌心向上，掌指向前，向面前穿出，右手变掌，按于左肘下。目视前方。（图 8–26）

要点： 动作要协调，一气呵成。要沉肩坠肘，力在掌指。

10. 鼍龙分水 ~17. 鼍龙回身

动作同 2. 鼍龙分水 ~9. 鼍龙回身。

18. 收势

（1）左转身 180°，上右足，与左足并步，屈膝蹲身；同时双掌变拳，拳心向下，徐徐下沉，落于腹前。气沉丹田，目视前方。（图 8–27）

（2）起身立正，头正颈直，松肩垂臂，双拳变掌，手指向下自然垂于身体两侧。目视前方。（图 8–28）

要点： 动作徐缓沉稳，心平气和，松静自然。

图 8–22

图 8–23

图 8–24

图 8–25

图 8–26

图 8–27

图 8–28

鸡形

六、鸡形

（动作演练：刘敬儒）

“金鸡报晓起灶烟，农家户户去耕田。试看鸡斗虚实敏，才知德禽不平凡。”诗中的金鸡就是公鸡，它有独立之能，有抖翎之威，有欺斗之勇。所谓“欺斗之勇”，是指二鸡相斗，竖腿伸颈，伺机进攻，忽腾忽落，亦抓亦啄，血流披面而不退缩。公鸡虽小，却如此灵智神勇，这种无所畏惧的战斗精神，以及亦抓亦啄、蹬腿独立的技能都是值得我们学习的，所以形意拳老前辈编有鸡形。

我的恩师骆兴武先生非常喜欢演练鸡形。骆先生练的鸡形与众不同，通常是从鸡蹬步开始，三个鸡蹦步一走，仿佛一只公鸡噔噔地从窝里跑了出来，觅食、扒食，十分形象而生动。然后是鸡形四把，“金鸡食米”“金鸡抖翎”“金鸡上架”“金鸡报晓”。“金鸡食米”只是一个简单的崩拳，但骆先生打的全是暗劲、穿透劲。“金鸡抖翎”时，双臂突然外挣，完全是爆炸力。“金鸡上架”时要蹦跳，骆先生有严重的疝气，怎么练？骆先生蹦得虽不高，但动作却轻灵、敏捷，随着右手在胸前撩起，仿佛一只大公鸡昂首高歌，“雄鸡一唱天下白”，获得了全场的掌声和喝彩声。最精彩的是“金鸡独立”“金鸡蹬腿”，独立时一腿支立，一足提起，是那样的沉稳，静立如山。突然，双臂一抖，一腿蹬出，活似正在掐架的“金鸡蹬腿”，全场掌声雷动。拳家们称赞说：“骆先生的鸡形真是有独到之处，不仅形似，而且神似，足见功夫太深了！”

（一）动作名称

1. 起势
2. 金鸡踏雪
3. 金鸡刨食
4. 金鸡食米
5. 金鸡抖翎
6. 金鸡上架
7. 金鸡报晓
8. 金鸡独立
9. 金鸡掐架
10. 金鸡蹬腿
11. 金鸡抿翅
12. 金鸡食米
13. 金鸡抖翅
14. 金鸡上架
15. 金鸡报晓
16. 收势

（二）动作图解

1. 起势

从立正开始。屈膝蹲身，双手握拳，落于腹前；随之右拳拳心向上向面前钻出。上左步成三体步；同时双拳变掌，左掌掌心向下，掌指向前，向胸前劈出，右掌按于腹前。气沉丹田，目视前方。（图 9–1）

2. 金鸡踏雪

（1）上左足，跟右足；同时双手五指并拢成鸡爪手，右臂微屈，右手屈腕向胸前提起，左手置于腹前。目视前方。（图 9–2）

（2）上右步，提左足贴于右足内侧成虚步；同时左手屈腕，自右臂下向胸前提起，右手收于腹前。目视前方。（图 9–3）

（3）上左足；同时右手屈腕，向胸前提起，左手收于腹前。目视前方。（图 9–4）

（4）上右步，提左足贴于右足内侧成虚步；同时左手屈腕，自右臂下向胸前提起，右手收于腹前。目视前方。（图 9–5）

要点：三个鸡蹬步都有一个小小的蹦跳，仿佛公鸡走出鸡窝，蹦跳着在雪地上奔走觅食，故名“金鸡踏雪”。此式可重复做两次，蹦跳走动的姿势就更形象了。因腕部上提，力在腕部，故又名“金鸡吊打”。

图 9–1　　图 9–2　　图 9–3　　图 9–4　　图 9–5

3. 金鸡刨食

（1）向身后撤左步成三体步；同时双手变掌，右掌掌心向下，掌指向前，向胸前劈出，成退步劈掌，左掌置于腹前。目视前方。（图 9–6）

（2）向身后撤右步成三体步；同时左掌掌心向下，掌指向前，向胸前劈出，成退步劈掌，右掌置于腹前。目视前方。（图 9–7）

要点：气沉丹田，劈出力量。动作要敏捷，两个退步劈掌要一气呵成，仿佛金鸡以爪刨食。

4. 金鸡食米

上右足震脚并步，屈膝蹲身；同时右掌变拳，虎口向上，向胸前崩出，左臂弯曲，左手附于右肘之上。气沉丹田，目视前方。（图 9–8）

要点：崩出时，腕部向下屈成鸡啄米式，故名“金鸡食米”。

图 9–6

图 9–7

图 9–8

5. 金鸡抖翎

上左步，向右转体 90° 成马步；同时双臂内旋，屈肘，右拳变掌，掌心向外，在头部右前方架起，左拳变掌，掌心向外，向左胯外推出。目视左掌动作。（图 9–9）

要点：右转身成马步要脆、要快。双臂、双掌要打出弹抖力。

6. 金鸡上架

向右转体，横左足上步，右步提起贴于左足内侧成虚步；同时双臂外旋，双掌掌心向内，左手向上，右手向下，在右胸前上下交错，右手下插，左手上穿。目视前方。（图 9–10）

要点：横右足上步成独立步时，要有蹦跳动作，如公鸡蹦上了高台，欲昂首长鸣。

7. 金鸡报晓

上右步成三体步；同时右掌掌心向前，掌指向上，向胸前撩起，高与眉齐，左掌按于腹前。目视前方。（图 9–11）

要点：右掌上撩时要沉肩坠肘，气沉丹田，力在掌指。

图 9–9

图 9–10

图 9–11

8. 金鸡独立

（1）上左步，成三体步；同时左掌掌心向下，掌指向前，向胸前劈出，右掌按于腹前。气沉丹田，目视前方。（图 9–12）

（2）左足不动，右掌掌心向下，向左腕下钻出，重心左移成独立步，右腿屈膝横足踹出。目视前方。（图 9–13）

（3）向左前方落右足成交叉步；同时左掌向胸前劈出，右掌落于腹前。目视前方。（图 9–14）

（4）重心右移，左腿屈膝提起，左肘肘尖落于左膝上成独立步。目视前方。（图 9–15）

要点：动作要沉稳、缓慢，上身要正直，精神专注，如临大敌。

图 9–12

图 9–13

图 9–14

图 9–15

9. 金鸡掐架

（1）落左足，停片刻，突然向后稍撤右足，坐身；同时向身前用力劈出右掌，掌心向下，沉肩坠肘。目视前方。（图 9–16）

（2）迅速向后抽左足，重心后移；同时左掌掌心向下，掌指向前，自右臂下向前劈出，速度要快，力量要足，右掌按于腹前。沉肩坠肘，气沉丹田，目视前方。（图 9–17）

要点：右掌劈出后，要快速回抽左足，劈左掌，整个动作一气呵成，仿佛金鸡的两个爪子突然飞快地抓向敌人面部。

图 9–16

图 9–17

10. 金鸡蹬腿

（1）向身前上右步成三体步；同时双手握拳，双拳拳心朝上，自下颌处向面前钻出。目视前方。（图 9–18）

（2）左腿屈膝提起，用足心向胸前蹬出；同时双臂内旋拧裹，双拳变掌，掌心向外，向左右推开。气沉丹田，目视前方。（图 9–19）

要点：双手推出时动作要快，要有抖劲。左腿蹬出时要屈膝，不可把腿蹬直。此动作仿佛公鸡突然飞向空中，用爪子向敌人面部抓去。

11. 金鸡抿翅

落左足撤右足，双足同时向身后挫步；同时双掌掌心向下，一起向腹前抓下，左掌在前，右掌在后。气沉丹田，目视前方。（图 9–20）

要点：动作要敏捷，下抓要有力。

图 9–18

图 9–19

图 9–20

12. 金鸡食米

上右足并步，屈膝蹲身；同时右手握拳，虎口向上，向胸前崩出，左掌自然附于右肘部。气沉丹田，目视前方。（图 9–21）

要点：崩出时屈腕，拳头下压如同“金鸡食米”。要气沉丹田、腰上助力，打出暗刚之力。

13. 金鸡抖翎

上左步，右转身 90° 成马步；同时双臂内旋，右拳变掌，掌心向外在头部右前方架起，左掌掌心向外向左胯外打出。目视左手动作。（图 9–22）

要点：动作干脆利落，要气沉丹田，双掌打出弹抖力。

图 9–21

图 9–22

14. 金鸡上架

向右转体，横左足上步，右足提起贴于左足内侧成独立步；同时双臂外旋，双掌掌心向内，左手向上，右手向下，经右胸前互相交错穿出。目视前方。（图 9-23）

要点：做独立步时要蹦步，动作要干脆敏捷，有如公鸡一下跳上了高台，欲昂首长鸣。

15. 金鸡报晓

上右步成三体步；同时右掌掌指向前，虎口向上，向胸前撩出，高与眉齐，左掌按于左胯前。目视前方。（图 9-24）

要点：要气沉丹田，上撩时要立掌，仿佛公鸡伸直了脖子扬头长鸣。

16. 收势

（1）上左足成三体步；同时左掌掌心向下，掌指向前，向胸前劈出，右掌按于右胯前。目视前方。（图 9-25）

（2）上右足并步，屈膝蹲身；同时双手握拳，拳心向下，徐徐沉于腹前。气沉丹田，目视前方。（图 9-26）

（3）起身成立正姿势，头正颈直，松肩垂肘，双拳变掌，手指向下自然垂于身体两侧。目视前方。（图 9-27）

要点：动作徐缓沉稳，心平气和，松静自然。

图 9-23　　图 9-24　　图 9-25　　图 9-26　　图 9-27

燕形

七、燕形

（动作演练：韩燕鸣）

燕子是禽类中最轻巧敏捷者。燕子的翅膀又尖又长，尾巴像张开的剪刀，肚子是白色的，背部黑亮亮地闪着油光，十分可爱。燕子春天飞来北方，秋天飞往南方，年年如此。燕子常在农家的屋檐下筑巢居住，捕食昆害虫，是益鸟。

我喜欢燕子，因为它可爱，更因为它是伴随着我度过童年的。我小时候，家住农村，我家的房后有一个很大的水坑。每到夏天，那里是我们一群孩子嬉戏的天堂。我最喜欢看燕子飞，一会儿很高，钻上云霄，一会儿很低，擦着水皮，突然，一下子扎向水面。啊呀！别淹死呀！哪知它用尾巴一打水面又腾飞而起。这就是"燕子抄水"吧，真是惊险极了！

20 世纪 70 年代，北京前门箭楼上住着很多燕子。每天傍晚，成千上万只燕子飞向天空，在空中盘旋飞翔，是北京城一大奇观。我有空就去看这些燕子。只见它们有的一下子钻上云霄；有的一下子俯冲而下，啊呀，要撞上楼顶了，突然又腾身而起钻入云端；有的两翅不动，悠闲地空中滑翔；有的一个跟头，来一个燕子翻身，动作轻快，身姿动人，令我流连忘返。可惜，现在因前门楼子的屋檐下都罩上了铁丝网，燕子们不能安家了。

因为喜欢燕子，所以当师父教燕形时，我喜出望外，在燕形上下了更多功夫。练功时，我在公园的两树之间拴上一根猴皮筋作为辅助器械，因猴皮筋有弹性，不会绊倒我，也不会撞破我的头面，我可以大胆地练习"燕子凌云""燕子抄水"。当我练习"燕子凌云"时就从猴皮筋上飞身跃过，当我练习"燕子抄水"时，就从猴皮筋下俯身钻过，仿佛真的是燕子在抄水，真的是燕子在钻天。总之，经过长期的刻苦练习，总算掌握了燕形动作的特点：轻巧、敏捷、矫健，柔中有刚，刚中有柔，虚而不浮，实而不滞，在矫健轻巧中打出暗刚之劲，在起伏纵跃中练出"抄水之精"。

（一）动作名称

1. 起势
2. 燕子展翅
3. 燕子钻天
4. 燕子凌云
5. 燕子叼泥
6. 燕子振翅
7. 燕子抿翅
8. 紫燕抛翦
9. 燕子抄水

（二）动作图解

1. 起势

从立正开始。屈膝蹲身，双手握拳，落于腹前；随之右拳拳心向上，向面前钻出。上左步成三体步；同时双拳变掌，左掌掌心向下，掌指向前，向胸前劈出，右掌按于腹前。气沉丹田，目视前方。（图 10–1）

要点：精神贯注，做好“燕子展翅”的准备。

2. 燕子展翅

（1）扣左足，向右转身 180° ，上右足成三体步；同时双手握拳，右臂外旋拧裹，右拳拳心向上向面前钻出，左拳落于右肘之下。目视前方。（图 10–2）

（2）原地扣右足，向左转身 90° ，蹲身成马步；同时右臂屈肘内旋拧翻，当翻成拳心向外时，双拳变掌，右掌向身体右侧打出，左掌架于头部左后方。气沉丹田，向右拧头前视。（图 10–3）

要点：步子要活，身随步转，上下协调。右拳钻出后迅速下翻外砸，一气呵成。沉肩坠肘，打出暗劲。

图 10–1

图 10–2

图 10–3

3. 燕子钻天

（1）向左拧身 90°，左足不动，上右足，双膝交叉成歇步；同时右掌掌心向前，掌指向下，向右足前撩出，左掌收于右掌下方，双臂交叉，气沉丹田，目视前方。（图 10–4）

（2）重心右移，左足屈膝提起，置于右膝内侧成独立步；同时双臂内旋拧裹，当翻成右掌掌心向上时向头上推起，左掌掌心向下按于裆前。气沉丹田，目视前方。（图 10–5）

要点：名为“燕子钻天”，所以左步提得越高越好，身体向上伸得越高越好，右手推得越高越好。

图 10–4

图 10–5

4. 燕子凌云

（1）向身前落左足，左足用力蹬地腾身纵跃；跃在空中时，右足向左足前进步，左足足面贴于右膝后在空中成半交叉步；同时双掌变拳，双臂外旋拧裹，在面前交叉。目视前方。（图 10–6）

（2）向身前落左足成仆步；同时双臂内旋，双拳变掌，屈肘、屈腕，分别自腋下前后插出，右掌在体后，掌心向外，掌指朝天上插，左掌在体前，掌心向上，掌指在左腿外侧向左足前插下。气沉丹田，目视左手动作。（图 10–7）

要点：纵得越高越好，俯身越低越好。要求身灵步活、动作敏捷，仿佛燕子飞入云霄，一掠而过，故名“燕子凌云”。

5. 燕子叼泥

起身，上右足，跟左足成并步，屈膝蹲身；同时双掌变拳，一起向胸前弧形崩出，双臂交叉，右拳在上，左拳在下。气沉丹田，目视前方。（图 10–8）

要点：并步震脚，屈膝蹲身，打出崩拳要“手脚齐到方为真”，要打出暗刚之力。此式在五行拳中称“崩拳”，在鸡形中称“金鸡食米”，在燕行中称“燕子叼泥”。

图 10–6

图 10–7

图 10–8

6. 燕子振翅

向左足前上右足，用力震地，随之左足提起，蹲身成独立步；同时双臂外旋，当双拳拳眼向上时，向身体前后弧线砸下。目视前方。（图 10–9）

要点：双拳砸下时要沉肩坠肘，双拳双臂要平，不可上下颤动。

7. 燕子抿翅

向体前上左足成仆步；同时双拳变掌，双臂内旋，屈肘屈腕屈指缠至腋下，当掌心向上时分别自腋下向身体前后插出，右掌在体后向上插出，左掌沿左腿下插于左足前。气沉丹田，目视前方。（图 10–10）

要点：动作要灵活敏捷，俯身越低越好。

8. 紫燕抛翦

仆步不动，微起身，双臂屈肘外旋拧裹，当拧成掌心向内、掌指向上时，向面前快速交叉。目视前方。（图 10–11）

要点：动作要敏捷，劲力要干脆。双手交叉形如燕尾，故名“紫燕抛翦”。

9. 燕子抄水

（1）重心右移，身体向右倾成右弓步；同时双臂内旋拧翻，当翻成掌心向外时，右掌向头上捋挂，左手向左腿上方探出；随之上右步与左足并步，屈膝蹲身；同时右掌掌心向前，掌指向下，向膝前撩出，啪的一声，左掌拍在右前臂。目视前方。（图 10–12）

（2）上左足成三体步；同时双掌变拳，左拳拳心向下，向腹前栽打，右拳收于腹前。

气沉丹田，目视前方。（图 10–13）

要点：动作要敏捷。右拳抄水、左拳下栽时都要沉肩坠肘、气沉丹田，打出丹田之力。

10. 燕子展翅 ~19. 燕子钻天

动作同 2. 燕子展翅 ~9. 燕子抄水、2. 燕子展翅、3. 燕子钻天。

20. 收势

上左足成三体式（图 10–14），随之成立正姿势，收势。

要点：精神贯注，心平气和，松静自然。

图 10–9

图 10–10

图 10–11

图 10–12

图 10–13

图 10–14

鹞形

八、鹞形

（动作演练：刘敬儒）

鹞是猛禽的一种，身体比鹰小，羽毛灰褐色，腹部白色，有赤褐色横斑，脚黄色，其性敏锐而灵巧，比鹰飞得更快。鹞有束身之法、入林之巧、钻天之能、翻身之敏，以捕食小鸟为主。

练习“鹞子入林”时要束身。练习“鹞子穿林”时，身子要忽左忽右，摇身晃膀，仿佛鹞子在树林空隙中穿行一般。练习“鹞子回头”时要用腰，刚中寓柔，柔中寓刚，轻灵敏捷。鹞形套路中还有“鹞子投井”“鹞子钻天”“鹞子捉雀”等，动作生动形象，仿佛一只鹞子正在空中飞翔，突然发现一只麻雀在前，于是向麻雀抓去，麻雀一见大吃一惊，惊慌失措中一下子扎进了井中，以为逃得活命，哪知鹞子束身而下，箭似地追进井去，麻雀一见，吓傻了，又翅膀一扑棱飞出井来。鹞子一见，一个“鹞子钻天”直冲而上，啪的一声，打一个炮拳，“鹞子捉雀”，把麻雀抓住，冲霄而去。

鹞子飞得非常快，动作非常机敏。练习鹞形时一定要掌握鹞子的快速、灵活、敏捷、凶猛等特点，即所谓的“入林之巧”。

（一）动作名称

1. 起势
2. 鹞子入林
3. 鹞子穿林
4. 鹞子投井
5. 鹞子钻天
6. 鹞子捉雀
7. 鹞子回头
8. 鹞子入林
9. 鹞子穿林
10. 鹞子投井
11. 鹞子钻天
12. 鹞子捉雀
13. 鹞子回头
14. 鹞子入林
15. 收势

（二）动作图解

1. 起势

从立正开始。屈膝蹲身，双手握拳，落于腹前；随之右拳拳心向上，向面前钻出。上左足成三体步；同时双拳变掌，左掌掌心向下，掌指向前，向胸前劈出，右掌收于腹前。气沉丹田，目视前方。（图 11–1）

要点： 精神贯注，气沉丹田，准备练习“鹞子入林”。

2. 鹞子入林

（1）扣左足，向右转体 90°，随之向身左上右足，足尖外展成歇步；同时双手握拳，右拳拳眼向上，侧身崩出，左拳置于右肘下。目视前方。（图 11–2）

（2）上左步成三体步；同时左拳拳眼向上，向身前崩出，右拳落于腹前。目视前方。（图 11–3）

（3）上右步成三体步；同时右拳拳眼向上，向身前崩出，左拳落于腹前。目视前方。（图 11–4）

（4）上左步成三体步；同时右拳拳心向前，向右额前上架，左拳拳眼向上，向胸前打出，成顺步炮拳。气沉丹田，目视前方。（图 11–5）

要点： 以上动作要敏捷，要一势比一势快。气沉丹田，打出暗刚之力。

图 11–1

图 11–2

图 11–3

图 11–4

图 11–5

3. 鹞子穿林

（1）原地扣左足，向右转体 180°；同时右臂屈腕、屈肘向右肋后缠拨。目视前方。（图 11–6）

（2）向右前方上左步，右转 90° 成三体步；同时左拳拳心向上，自右臂下向面前穿出，右拳置于左肘内侧。目视前方。（图 11–7）

（3）原地扣左足，向右转体 180°，上右步，重心右移，身体右倾成右弓步；同时右拳拳心向上，自下颌向身前钻出，左拳置于身后，略低于肩，左臂伸直。拧头目视右拳。（图 11–8）

（4）重心左移，身体左倾成左弓步；同时左拳拳心向上向身左钻出，右拳置于身后，略低于肩，右臂伸直。拧头目视左拳动作。（图 11–9）

（5）重心右移，身体右倾成右弓步；同时右拳拳心向上，向右前方钻出。拧头目视右拳动作。（图 11–10）

（6）原地扣右足，左转身；同时左臂屈腕、屈肘向左肋后缠拨。目视左手动作。（图 11–11）

（7）上右足成三体步；同时右拳拳心向上，自左臂下向面前穿出。目视前方。（图 11–12）

（8）原地扣右足，左转身，上左步，重心左移，向左倾身成左弓步；同时左拳拳心向上，自下颌向面前钻出，右拳置于身后，略低于肩，右臂伸直。拧头目视左拳动作。（图 11–13）

（9）重心右移，身体右倾成右弓步；同时右拳拳心向上向身右钻出，左拳置于身后，略低于肩，左臂伸直。拧头目视右拳动作。（图 11–14）

（10）重心左移，身体左倾成左弓步；同时左拳拳心向上，向左前方钻出，右拳置于身后，略低于肩，右臂伸直。拧头目视左拳动作。（图 11–15）

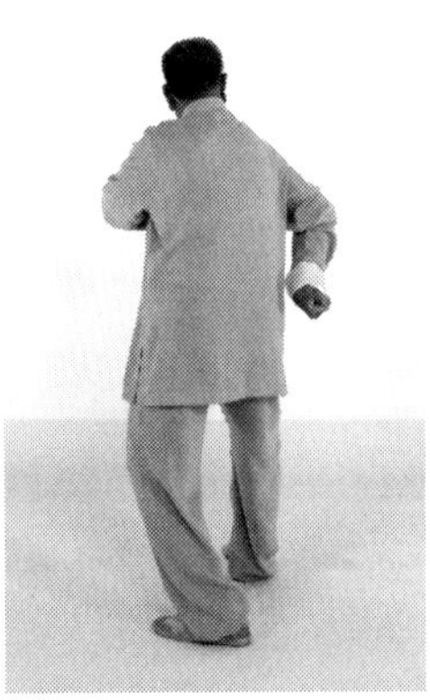

图 11–6

图 11–7

图 11–8

图 11–9

图 11–10

图 11–11

图 11–12

图 11–13

图 11–14

图 11–15

要点：随重心的左右移动，身体忽左忽右倾斜，左拳、右拳也随之忽左忽右钻出，仿佛鹞子在林间忽左忽右地穿行，故名“鹞子穿林”。要求动作敏捷，身手协调，刚柔相济。

4. 鹞子投井

（1）双足不动，重心后移成三体步；同时左拳拳心向内，屈臂向胸前掩肘，右拳收至腰间。目视左手动作。（图 11–16）

（2）向身前上右步，并步蹲身；同时右拳拳心向内，拳面向下，经胸前自上向下栽砸，左手变掌置于右上臂内侧。目视右手动作。（图 11–17）

要点：蹲身越低越好。右臂不要过直，要微屈肘部向下栽砸。力在拳面和肘部。

5. 鹞子钻天

右臂外旋拧动，当拧成拳心向内时，右拳经胸前向头上钻出，左掌收于腹前；随之身体直立，昂首仰视右拳，仿佛鹞子从井中直冲而上，飞向云霄。（图 11–18）

要点：拳要握紧，力在右拳。

图 11–16

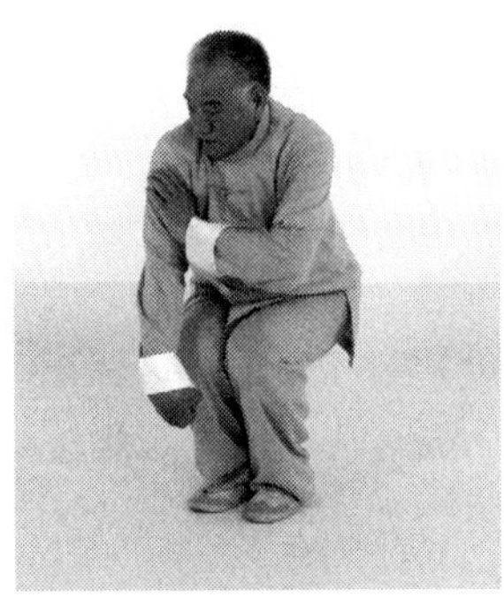

图 11–17

图 11–18

6. 鹞子捉雀

（1）并步蹲身；同时右拳拳眼向上，向腹前砸下，啪的一声砸在左掌掌心内。目视右拳。（图 11–19）

（2）双足跃起，落地时成左足前、右足后的三体步；同时右拳向右额前上架，左拳拳眼向上向胸前打出，成顺步炮拳。气沉丹田，目视前方。（图 11–20）

要点：蹲身越低越好，右拳下砸的力量越大越好。双足蹬地，身体跃起。双足落地时，左拳打出暗刚之力，仿佛鹞子已捉住麻雀。

7. 鹞子回头

（1）向左足前上右步成三体步；同时右拳拳心向上向面前钻出，成顺步钻拳，左拳置于右肘下。目视前方。（图 11–21）

（2）原地扣右足，向左转体 90° 成马步；同时右臂屈肘内旋，右拳向下翻转，当拳心向外时，向右肋外拨打，左拳上架于左额上方。目视右拳。（图 11–22）

（3）双足自由拧动，向左转身 90° ，身体左倾成左弓步；同时右臂外旋，右拳拳心向上时，向身体前方抡臂横打，啪的一声，右臂拍于左掌掌心内。目视前方。（图 11–23）

（4）重心右移，身体向右倾成右弓步；同时右臂内旋，当右拳拳心向外时屈肘，用肘尖向身右顶出，高与肩平，左拳自然落于左胯旁。向左拧头回视。（图 11–24）

（5）向左拧身转体成弓步；左手握拳，拳眼向上，向胸前崩出，右拳置于腰际。目视右掌。（图 11–25）

要点: 双足用力，于是力起于足，主宰于腰，行于臂和拳。要求身随足动，拳随身行；要求刚中寓柔，柔中寓刚，刚柔相济，内外合一。

图 11–19

图 11–20

图 11–21

图 11–22

图 11–23

图 11–24

图 11–25

8. 鹞子入林 ~14. 鹞子入林

动作同 2. 鹞子入林 ~8. 鹞子入林。

15. 收势

（1）上右步，并步蹲身。同时双拳拳心向下，徐徐沉于腹前。气沉丹田，目视前方。（图 11–26）

（2）起身成立正姿势。双拳变掌，手指向下，自然垂于身体两侧。目视前方。（图 11–27）

要点：动作沉稳，心平气和，松静自然。

图 11–26

图 11–27

蛇形

九、蛇形

（动作演练：胡耀武）

蛇性喜温热的环境，我国南方较多。蛇能“吐信”，红红的舌尖，一吞一吐，令人生畏；蛇能缠绕，可把猎物缠住勒死而食；蛇能在草丛中爬行，蜿蜒屈伸，时隐时现，仿佛拨草而行，拳经曰“蛇有拨草之能”，即是指此而言。

有人说：“练蛇形时，活动在腰，劲发于胯。故蛇能胯打。”也有人说：“蛇有拨草之巧，取其乘隙前进，用力于肩，所谓肩打者是也。”其实，这些说法都不全面，我认为张长发老先生所言“七拳之用”才是真谛。

张长发，字祥斋，是刘奇兰之子刘文华的徒弟，功夫十分纯厚。张长发先生与我恩师骆兴武关系非常好，所以每当张长发先生到北京后，都会到兴武国术馆看看。

一天，我们正练蛇形，张先生来了，他给我们练了一趟，接着就连说带比划地给我们讲解蛇形的练法和用法，怎样身要活，怎样步要灵，怎样刚柔相济，怎样足打，怎样膝打，怎样胯打，怎样肩打，怎样肘打，怎样手打，怎样头打，接着叫我们各练一遍，亲自给予指正。张先生讲的“七拳之用”，就包含着蛇形的“拨草之能”。

（一）动作名称

1. 起势
2. 灵蛇出洞
3. 白蛇伏草
4. 怪蟒翻身
5. 白蛇跳岭
6. 蛇行拨草
7. 毒蛇吐信
8. 金蛇缠柳
9. 三盘落地
10. 灵蛇出洞
11. 白蛇伏草
12. 怪蟒翻身
13. 白蛇跳岭
14. 蛇行拨草
15. 毒蛇吐信
16. 金蛇缠柳
17. 三盘落地
18. 收势

（二）动作图解

1. 起势

从立正开始。屈膝蹲身，双手握拳，沉于腹前；随之右拳拳心向上，向面前钻出。上左步，成三体步；同时左拳变掌，掌心向下，掌指向前，向胸前劈出，右拳变掌，按于腹前。气沉丹田，目视前方。（图 12–1）

要点：精神贯注，做好“灵蛇出洞”的准备。

图 12–1

2. 灵蛇出洞

（1）左足向前上一小步，足尖外展 45° 成三体步；同时左臂内旋拧裹，屈肘、屈腕、屈五指，在胸前向下缠拨。目视前方。（图 12–2）

（2）右足前进一步成三体步；同时右臂外旋拧裹，右掌掌指向前，掌心向上，自左臂下向前穿出，左掌置于右前臂上。目视前方。（图 12–3）

（3）右足向前一小步，足尖外展 45° 成三体步；同时右臂内旋拧裹，屈肘、屈腕、屈五指，在胸前向下缠拨。目视前方。（图 12–4）

（4）左步前进一步成三体步；同时左臂外旋拧裹，左掌掌指向前，掌心向上，自右臂下向前穿出，右掌置于左前臂上。目视前方。（图 12–5）

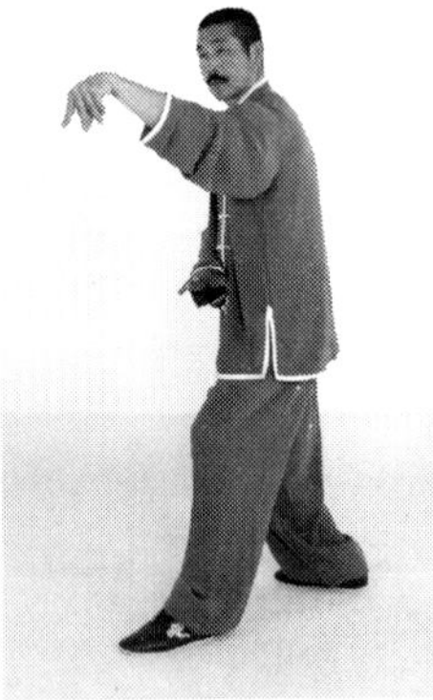
图 12-2

图 12-3

图 12-4

图 12-5

要点：动作要连贯，身手要灵活，整个动作一气呵成。力在指端，仿佛一条毒蛇从洞中钻出。

3. 白蛇伏草

向身前上右步，在右步后插左足，双膝贴拢，双腿交叉坐身成歇步，向下伏身；同时双臂内旋，当双掌掌心向外，掌指向下时，向身体两侧分别按出，手指触地。目视右手。（图 12-6）

图 12-6

要点：动作要敏捷、轻灵、协调。伏身越低越好，气沉丹田，力在掌心。

4. 怪蟒翻身

（1）起身，向右前方上右步成三体步；此时身体自然右转 90°，右臂内旋拧裹，屈肘、屈腕、屈指向体前缠拨，左掌置于右前臂上。目视前方。（图 12-7）

（2）向右足前扣左步成丁字步。身体随之向右、向上拧动，同时左掌掌心向内，掌指向右腋后插去。目视左掌动作。（图 12-8）

（3）拧身右转，左掌掌心向上，掌指向前，向身前插出，右掌伸至脑后，身体自然仰面朝天，名曰“翻身掌”。仰面上视。（图 12-9）

要点：身、手、足要协调，一动无有不动。腰身要柔韧，仰身越平越好。

5. 白蛇跳岭

（1）撤右足成三体步；同时左臂外旋拧裹，在面前屈肘掩护，随之右臂内旋拧裹，右掌置于左肘下，目视双手动作。（图 12-10）

（2）原地跳起，落地后右腿提膝成独立步；同时双手在胸前交叉穿出，右掌掌指向下插至右小腿内侧，左掌掌指向上立于头部左前方。目视前方。（图 12-11）

（3）上右足成三体步；同时右掌掌指斜向上，向胸前撩出，左掌按于左胯前。气沉丹田，目视前方。（图 12–12）

要点： 要跳起来练，仿佛一条白蛇在起伏不平的山坡上爬行，时上时下，看上去仿佛在跳行，故名“白蛇跳岭”。

图 12–7

图 12–8

图 12–9

图 12–10

图 12–11

图 12–12

6. 蛇行拔草

（1）先右臂再左臂在面前掩护，随之上左步提右足贴于左足内侧成蹲步；同时右掌向下插于左膝外侧，左掌向上伸于右肩前。目视前方。（图 12–13）

（2）向右前方上右步成三体步；同时右掌掌指向前，虎口向上，向右膝前撩出，左掌按于腹前。气沉丹田，目视右掌。（图 12–14）

（3）先左臂再右臂在面前掩护，随之上右步提左足贴于右足内侧成蹲步；同时左掌向下插于右膝外侧，右掌向上伸于左肩前。目视前方。（图 12–15）

（4）向左前方上左步成三体步；同时左掌掌指向前，虎口向上，向左膝前撩出，右掌立于胸前。气沉丹田，目视左掌。（图 12–16）

图 12–13

图 12–14

图 12–15

图 12–16

要点：动作要协调一致，缠绕要灵活，身手要敏捷，上下插掌要同时完成。撩出之掌要有刚劲，力在指端和虎口。

7. 毒蛇吐信

（1）上右足成三体步；同时双臂外旋拧裹，双掌小指外沿并拢，当掌心向上，掌指向前时，自下颌向面前穿出。目视前方。（图 12–17）

（2）上左足成三体步；同时左掌自右臂下向前穿出，右掌贴于左肘。目视前方。（图 12–18）

（3）上右足成三体步；同时右掌自左臂下向前穿出，左掌贴于右肘。目视前方。（图 12–19）

（4）左转身 180°，上左步，重心左移，身体左倾；同时左掌掌心向上，掌指向前，自下颌向前穿出。目视前方。（图 12–20）

图 12–17

图 12–18

图 12–19

图 12–20

要点：动作要连贯，一气呵成。每掌穿出时腕部要向上挺，这样手掌才像蛇吐出的舌尖。穿掌时要快速轻灵，气沉丹田，力在指尖。

8. 金蛇缠柳

（1）左足原地外展 45°；同时左臂内旋，屈肘、屈腕、屈指向腰后缠拨，右手不动，目视前方。（图 12–21）

（2）在左足前扣右足，左转身；同时右掌掌心向上，掌指向前，自左臂下向前穿出，左掌贴于右肘。目视前方。（图 12–22）

（3）原地摆左足和右足，向左转身，同时右臂内旋拧裹，屈肘，横臂自颈后抬至头上，经头顶向左肩外推出。拧头左视。（图 12–23）

要点：动作要连贯，不得有丝毫停滞。要身随步转，手随身动，一动无有不动，仿佛一条毒蛇紧紧地缠在了猎物上。

图 12–21

图 12–22

图 12–23

9. 三盘落地

扣右足，身体继续左转，上左足成马步。同时双掌掌心向外，掌指向下，向身体两侧分别打出。目视前方。（图 12–24）

要点：要提肛溜臀，上身正直，气沉丹田，沉肩坠肘，打出暗刚之力。

图 12–24

10. 灵蛇出洞 ~17. 三盘落地

动作同 2. 灵蛇出洞 ~9. 三盘落地 。

18. 收势

（1）向右转体 90°，上左足与右足并步，起身，微屈膝；同时双手握拳，徐徐沉于腹前。气沉丹田，目视前方。（图 12–25）

（2）起身立正，头正颈直，松肩松臂，双拳变掌，手指向下，自然垂于身体两侧。目视前方。（图 12–26）

要点：动作徐缓沉稳，松静自然。

图 12-25

图 12-26

鹘形

十、鹘形

（动作演练：刘敬儒）

鹘是猛禽类，样子像鹰，善扑兔。据说，鹘常常站在高高的树枝上，头朝下尾朝上，向下巡视，这就是“竖尾”。鹘一看见兔子，立刻飞扑而下，速度极快，故有“兔起鹘落”这一成语。

我师伯王达三先生曾给我讲过“兔起鹘落”的故事。他说：“鹘就是兔虎子，形似鹰而小，扑兔时不用爪抓，而是把爪握成拳头砸兔子。我有个朋友家里就养着兔虎子，我曾跟他出城打猎，亲眼见到兔虎子抓兔子的情景。人家养兔虎子不是为抓兔子吃，主要是玩，因为看兔虎子打兔子是一乐。到了野地里，就把兔虎子放出来了。兔虎子目光尖锐，只要发现兔子，就直飞而下，用握成拳头的两爪向兔子头上砸下，打得兔子一个跟头。兔子爬起来跑，兔虎子又急飞而下，又向兔子头上砸下，砸完又飞上天空。兔子又是一个跟头，爬起来又向前跑。如此反复多次，直到兔子被打晕，主人才过来把兔子拿走。”听完这故事，我真正懂了什么是鹘，什么是“兔起鹘落”。鹘有竖尾之能，绝非是低着头、撅着屁股用臀部打人，而是以拳代尾。如何用“竖尾”去打人？双拳从脐部发出，借助臀部和肋腹部向前发力，这就是“竖尾之能”，也称“肋腹打”。

（一）动作名称

1. 起势
2. 鹘鸟展翅
3. 白鹤亮翅
4. 神鹘竖尾
5. 鹘鸟振翅
6. 双峰贯耳
7. 鹘鸟升空
8. 神鹘献拳
9. 鹘鸟回身
10. 鹘鸟展翅
11. 白鹤亮翅
12. 神鹘竖尾
13. 鹘鸟振翅
14. 双峰贯耳
15. 鹘鸟升空
16. 神鹘献拳
17. 鹘鸟回身
18. 收势

（二）动作图解

1. 起势

从立正开始。屈膝蹲身，双手握拳，落于腹前，随之右拳拳心向上向面前钻出。上左步成三体步；同时左拳变掌，掌心向下，掌指向前，向胸前劈出，右拳变掌，按于腹前。气沉丹田，目视前方。（图 13–1）

要点：精神贯注，准备练习“鹘鸟展翅”。

图 13–1

2. 鹘鸟展翅

（1）上左步，右足提起贴于左足内侧成虚步；同时双掌变拳，双臂内旋拧裹，双拳拳心向前，屈肘横臂架起。目视右前方。（图 13–2）

（2）向右前方上右步，跟左步成三体步；同时双臂外旋，屈肘，双拳拳心向上沉于脐前，随后紧贴肋腹向脐前打出。气沉丹田，目视前方。（图 13–3）

（3）上右步，左足提起贴于右足内侧成虚步；同时双臂内旋拧裹，双拳拳心向前，屈肘横臂架起。目视左前方。（图 13–4）

（4）向左前方上左步，跟右步成三体步；同时双臂外旋，屈肘，双拳拳心向上沉于脐前，随后紧贴肋腹向脐前打出。气沉丹田，目视前方。（图 13–5）

要点：双拳打出时，要肋腹助力，气沉丹田，沉肩坠肘，打出暗刚之力。

图 13–2

图 13–3

图 13–4

图 13–5

3. 白鹤亮翅

（1）向身后撤右步成三体步；同时双臂内旋拧裹，双拳拳面向下，向身体下方两侧格挡。目视前方。（图 13–6）

（2）重心后移，三体步不变；同时双拳拳心向前，经胸前向头上架起。目视前方。（图 13–7）

（3）撤左足与右足并步，震足蹲身；同时双臂外旋拧裹，当双拳拳心向上时，向腹前砸下，啪的一声，右拳砸在左掌心内。目视前方。（图 13–8）

要点：此式在五行连环拳中名“白鹤亮翅”，其实是鹘形动作。练习时动作要连贯刚健、沉肩坠肘，双臂、双拳要有暗刚之力。

图 13–6

图 13–7

图 13–8

4. 神鹘竖尾

向正前方上左足，成三体步；同时左掌变拳，双拳拳心向上，拳面向前，向腹前打出。气沉丹田，目视前方。（图 13–9）

要点：双拳打出时，要双臂紧抱双肋，借肋腹之力向前打出。要气沉丹田，打暗刚之力。

5. 鹘鸟振翅

上右步成三体步；同时双臂内旋拧裹，双拳拳心向内，向头部前上方举起，目视前方（图 13–10）。实战交手时，可用双拳拳背向对方头部左右打出。

要点：要气沉丹田，要发弹抖力。

6. 双峰贯耳

上右步，跟左步成三体步；同时双臂内旋拧裹，当拳心向下时，向胸前搂下，随之双拳拳心向下，拳眼相对，向面前弧线圈打。目视前方。（图 13–11）

要点： 鹘鸟扑兔，有时也用双翅扫扑，故有此式。练习时，身、手、足动作要协调连贯，一气呵成，双拳圈打时要有刚劲。

7. 鹘鸟升空

三体步不变；双拳拳心向下，向胸前搂下，随之屈腕，双拳向头部前上方提起，目视前上方。（图 13–12）

要点：动作要敏捷，双拳要并拢，要屈肘、屈腕提起于面前，仿佛振翅而飞。

图 13–9

图 13–10

图 13–11

图 13–12

8. 神鹘献拳

上右步，跟左步成三体步；同时双拳拳心向下，沉肩坠肘，气沉丹田，向胸前砸下。目视前方。（图 13–13）

要点：双拳上提与下砸要一气呵成，要砸出全身之力。

9. 鹘鸟回身

（1）上左步成三体步；同时双臂外旋拧裹，当拳心向上时，左拳自右臂上钻出，随后右拳自左臂上钻出，左拳再自右臂上钻出，名“连环三钻拳”，右拳置于左肘之下。目视前方。（图 13–14）

（2）右转身 180°，右足向前摆步；同时右臂内旋，屈肘、屈腕，右拳自腋下向身后缠拨，左臂内旋，左拳横架于胸前。目视右拳。（图 13–15）

（3）上左步成三体步，同时左臂外旋，当左拳拳眼向上时，向胸前钻出，右拳置于左肘下。气沉丹田，目视前方。（图 13–16）

要点：“连环三钻拳”要协调连贯，整个动作一气呵成，速度越快越好。回身打钻拳时要气沉丹田，打出暗刚之力。

图 13–13　图 13–14　图 13–15　图 13–16

10. 鹘鸟展翅 ~17. 鹘鸟回身

动作同 2. 鹘鸟展翅 ~9. 鹘鸟回身。

18. 收势

（1）上右步，并步蹲身。同时双拳拳心向下，沉于腹前。气沉丹田，目视前方。（图 13–17）

（2）起身立正，头正颈直，松肩、松臂，双拳变掌，手指向下，自然垂于身体两侧。目视前方。（图 13–18）

要点：动作缓慢沉稳，松静自然。

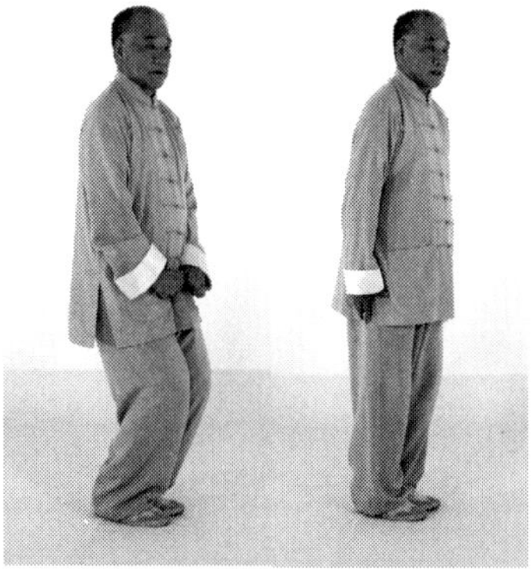

图 13–17　图 13–18

鹰形和熊形

十一、鹰形

（动作演练：刘敬儒）

鹰，禽类中最凶狠之物，能在天空盘旋，瞥目能见细物，其力在爪，有捉拿之能。我向很多老前辈学过形意拳，当学到鹰形时，大多是“鹰熊合演”，起为熊，落为鹰。起是钻拳，落为劈拳，亦称“鹰捉”，即拗步劈掌，动作比较单一，用法也较简单，没有太多的出奇之处。所以，很多形意拳家都想编一套既形象又实用的鹰形，但实在很困难。听说，近来有人编了一套鹰形，把鹰爪拳的一些动作搬过来，虽然形象美观，但失去了形意拳的内涵，实不足取。形意拳讲究象其形、取其意，二者之间尤其重视“意”，特别是搏击之技。所以，形意拳的猴形不能是猴拳，绝不能练成眨眨眼、抓抓挠的猴拳，鹰形也不能练成鹰爪拳。

2003 年初秋，我在意大利教拳，住在徒弟昂立克家。昂立克家距都灵 60 公里，在一个群山环抱的山坳里，风景十分宜人。房子的前前后后、左左右右都是茂密的树林，野生的栗子树很多，地上落满了长满毛刺的生栗。山坡上野花遍地，五彩缤纷，鲜艳夺目。山中有野兽，时闻野猪的吼叫声。林中有鸟，如乌鹊、喜鹊、斑鸠、野鸽等，最多的是画眉，啾啾而鸣，动听极了。每天早晨，天刚蒙蒙亮，画眉早已高唱枝头了，有的柔声细语，有的高亢粗放，有的直出直入，有的委婉回荡，此消而彼应，此起而彼伏，交织在一起，仿佛一支美妙动听的交响乐，令人心旷神怡，催人奋起。于是我急忙起身，到屋前草地上练功。古人闻鸡起舞，我闻鸟起舞。

午后闲暇无事，沏上一杯黄山毛峰，躺在椅子上欣赏眼前的美景，仰望蓝天白云，前观葱郁森林，俯视遍地山花，耳听鸟唱枝头，还不时能闻到一股股山花、青草的香味，令人陶醉，引人入胜。抬头远眺，你会发现对对雄鹰在云霄盘旋摩云。突然，一只雄鹰振翅束身直冲而下，迅疾异常，没于对面山梁之后。我对雄鹰的矫健身姿赞叹不已，不由得兴起创编一套鹰形的愿望来。于是，只要午后闲暇，我就在躺椅上一坐，观察雄鹰的展翅高飞、摩云盘旋、俯冲而下、直上云霄等动作。经过艰辛而执着的努力，终于在众多的鹰形套路基础上经过多次修改，形成此鹰形套路，供广大读者练习和参考。

（一）动作名称

1. 起势
2. 拗步鹰捉
3. 雄鹰亮膀
4. 饥鹰捉兔
5. 展翅摩云
6. 飞鹰振羽
7. 神鹰束翅
8. 展翅摩云
9. 飞鹰振羽
10. 神鹰束翅
11. 拧头下视
12. 饥鹰捉兔
13. 收势

（二）动作图解

1. 起势

从立正开始。屈膝蹲身，双手握拳，落于腹前，随之右拳拳心向上，向面前钻出。上左步成三体式；同时双拳变掌，左掌掌心向下，掌指向前，向胸前劈出，右掌按于腹前。气沉丹田，目视前方。（图 14–1）

要点：精神贯注，目视前方，做好“拗步鹰捉”的准备。

2. 拗步鹰捉

（1）左掌掌心向下，在胸前搂下，随之双掌变拳，左臂外旋拧裹，左拳拳心向内，向面前钻出，高与眉齐，右拳置于腹前。目视前方。（图 14–2）

（2）向左前方上左步，跟右步成三体步；同时向左拧身，双拳变掌，右掌五指弯曲如爪，向胸前抓下，左掌置于腹前。气沉丹田，目视前方。（图 14–3）

（3）向前上左步成三体步；同时右臂外旋拧裹，双掌变拳，右拳拳心向内，向面前钻出，左拳落于右肘之下。目视前方。（图 14–4）

（4）向左前方上右步成三体步，同时向右拧身，双拳变掌，左掌五指弯曲如爪，向腹前抓下，右掌置于腹前。气沉丹田，目视前方。（图 14–5）

要点：五指弯曲如爪，在拧身的同时向胸前抓落，如捉物一般，故名“鹰捉”。要气沉丹田，力在指端。

3. 雄鹰亮膀

（1）向前上右步，左腿屈膝提起成右独立步；向左拧身的同时双掌分别向身体两侧抬起，左低右高，双臂微屈。目视前方。（图 14–6）

（2）落左足，双掌收于腹前，随之右腿屈膝提起成左独立步；向右拧身的同时双掌分别向身体两侧抬起，右低左高，双臂微屈。目视前方。（图 14–7）

图 14-1

图 14-2

图 14-3

图 14-4

图 14-5

图 14-6

图 14-7

要点：向上抬臂时，力在肘部。

4. 饥鹰捉兔

（1）向身后落右足成三体步；同时右掌掌心向下，五指如爪，向胸前抓下，左掌置于右肘内侧。目视前方。（图 14-8）

（2）撤左足，重心后移；同时左掌掌心向下，五指如爪，向胸前抓下，右掌置于左肘内侧。目视前方。（图 14-9）

（3）向前上左步，跟右步成三体步；同时双掌变爪，左爪在前，右爪在后，双爪同时向胸前抓下。气沉丹田，目视左手。（图 14-10）

要点：出右爪，出左爪，再出双爪，动作要连贯，一气呵成。步子要灵活，上下要协调，气沉丹田，力在指端。

图 14–8

图 14–9

图 14–10

5. 展翅摩云

（1）向体左撤左足，随之向身前上右足；同时双臂外旋拧裹，双爪变掌，当双掌掌心向上，掌指向前时，双掌向面前穿出。目视前方。（图 14–11）

（2）向右前方扣左足，向右拧身，再扣右步，再扣左步，再扣右步走成一个圈；同时双掌外旋，当小指朝天时分别向身体两侧伸出，高与眉齐。目视右掌。（图 14–12）

要点： 向右走圈时，双臂不可伸直，要沉肩坠肘，自然呼吸，气沉丹田。仿佛神鹰在空中盘旋飞翔，故名“展翅摩云”。

6. 飞鹰振羽

（1）继续右转，走到第 5 步时，双臂向胸前交叉合抱，双掌变拳。目视前方。（图 14–13）

（2）向右转走到第 6 步时，双拳变掌，可用双掌掌背分别向身体两侧扇打。气沉丹田，目视前方。（图 14–14）

要点： 合抱与扇打要动作连贯，一气呵成。边走边合抱扇打，不可有停滞，要走得自如，行如流水。要气沉丹田，双手扇打出弹抖力。

7. 神鹰束翅

当行至第 7 步时，左足在右足前向圆心扣步，右转回身上右步，同时双臂内旋拧裹，屈肘、屈腕、屈指经两腋向身后下插，掌指向下，直插到底。拧头左视。（图 14–15）

要点： 扣步时要向左拧身，目视斜后方，准备上右步左转走圈。

8. 展翅摩云

向左走圈。走到第 2 步时，双臂外旋，双掌掌心向上，自胸前向身体两侧伸出，高与眉平。要沉肩坠肘，拧头左视。（图 14–16）

要点：走圈时步子要灵活，行如流水，不要停滞。双臂伸出后要沉肩坠肘，小指朝天，双臂拧裹出螺旋劲。

图 14–11

图 14–12

图 14–13

图 14–14

图 14–15

图 14–16

9. 飞鹰振羽

（1）当向左转走到第 5 步时，双臂在胸前交叉合抱，双掌变拳，目视双掌动作。（图 14–17）

（2）当向左转走到第 6 步时，双拳变掌，可用双掌掌背分别向身体两侧扇打。气沉丹田，目视前方。（图 14–18）

要点：合抱与扇打要动作连贯，一气呵成。要气沉丹田，扇打出弹抖力。

10. 神鹰束翅

当左转到第8步时向圆心扣右步，左转身上左步；同时双臂内旋拧裹，屈肘、屈腕、屈指经腋下向身后下插，掌指向下，一插到底。拧头右视。（图 14–19）

要点：扣步转身要灵活，手足要协调，一气呵成。

图 14–17

图 14–18

图 14–19

11. 拧头下视

向身前上右步，再上左步成三体步；同时右臂在下、左臂在上在胸前交叉，随之双臂上下翻转。当右掌在上时，双手变勾手，右勾手向面前勾打，左勾手停在右肘下。目视右手动作。（图 14–20）

要点：手足要协调配合，动作要灵活，一气呵成。勾手之力源在腰部，力在指端。此式仿佛神鹰向右转头凝视，发现猎物，欲立即捉之。

12. 饥鹰捉兔

（1）撤右足，跟撤左足成虚步；同时右爪向胸前抓下，左爪护于右肘内侧。目视前方。（图 14–21）

（2）撤左足，重心后移成三体步；同时左爪向胸前抓下，右爪护于左肘内侧。目视前方。（图 14–22）

（3）上左步，跟右步成三体步；同时左爪在前，右爪在后，双爪一齐向胸前抓下，如捉兔一般。气沉丹田，目视前方。（图 14–23）

要点：动作要连贯，快捷刚健，一气呵成。要气沉丹田，力在指端。

13. 收势

（1）上右足，与左足并步，屈膝蹲身；同时双手握拳，徐徐沉于腹前。气沉丹田，

目视前方。（图 14–24）

（2）起身成立正姿势；全身放松，双拳变掌，手指向下，自然垂于身体两侧。目视前方。（图 14–25）

要点：动作要徐缓，精神要集中，松静自然。

图 14–20

图 14–21

图 14–22

图 14–23

图 14–24

图 14–25

鹰形和熊形

十二、熊形

（动作演练：刘敬儒）

熊，又名“黑瞎子”“狗熊”，性情暴躁，体大颈粗有蛮力。鹰与熊相斗，鹰伸出利爪俯冲而下，扑向黑熊的双眼，黑熊伸出熊掌向雄鹰抓去，各逞心机，激斗不休，人们称之“鹰熊斗志”。我在师伯王达三先生家就见过一幅《鹰熊斗志》，是著名画家浦佐所画。画上有石有草，在一棵苍劲的古松旁站立着一头黑熊，正双掌举起，目露凶光，昂首而视，恨不得一下子把雄鹰抓住，撕个粉碎，而雄鹰却展翅飞翔在天，目视黑熊，微露利爪，恨不得直冲而下，把黑熊双目刺瞎。画中形象生动细腻，栩栩如生，令人赞赏不已。

形意拳的鹰形、熊形就是取法于“鹰熊斗志”的故事，鹰形和熊形通常一起练，名曰“鹰熊合演”。起为熊，落为鹰，起是钻拳就是熊形，落为劈拳名“鹰捉”，动作十分简单实用。我的恩师骆兴武先生曾教过一个熊形，更简单，就是一个进步双钻拳，仿佛黑熊伸出双掌扑向雄鹰似的。总之，练了近二十年的形意拳，从未见过别样的熊形，令人遗憾！有道是：“踏破铁鞋无觅处，得来全不费功夫。”当我认识了张如林先生，他教给我一套与众不同的熊形，令我欣喜若狂，这就是缘分吧！

张如林先生，天津人，操着一口津味十足的天津话。他膀大腰粗，魁梧有力，两只大手伸出来像蒲扇似的。他练的熊形十分形象、威猛。那天，我正在东单公园练拳，他一进公园我就看见了，因为他个子高大，很扎眼。经过交谈，我得知他练的八卦掌是高义盛一脉，形意拳传自尚宽。我跟张如林先生越交往情谊越深，他教给我软八手、硬八手、十二形等。他教给我的熊形令我难忘，每当我练熊形时，不由得就想起张如林先生，眼前就会出现他那高大魁梧的身影。

这套熊形动作很多，有“黑熊推掌”“黑熊卧枕”“黑熊漫步”“闭门推月”“回身盖掌”等。练习“黑熊推掌”时要五指分开，全掌灌足气力，一掌下挂，一掌前推，仿佛黑熊推山。“黑熊漫步”是模仿黑熊行走的姿态，动作生动形象，憨态可掬，看来很笨，但每个动作都很实用，处处含有杀机。“闭门推月”是掖掌，在形意拳中别具一格，要沉肩坠肘，要掖出寸劲，掖出穿透力。黑熊体态顽钝，回身时不可能矫健轻灵，所以“回身盖掌”时，既凶猛又有力量，搂头盖顶往下砸，非把敌人砸扁不可。总之，练习这套熊形，不仅能学到很多巧妙的实战技术，而且能练出内力，即所谓的“竖项之功”吧！

（一）动作名称

1. 起势
2. 黑熊推掌
3. 黑熊卧枕
4. 黑熊靠树
5. 黑熊推山
6. 黑熊漫步
7. 黑熊献拳
8. 黑熊扑肘
9. 黑熊缠肘
10. 黑熊晃树
11. 闭门推月
12. 回身盖掌
13. 黑熊推掌
14. 黑熊卧枕
15. 黑熊靠树
16. 黑熊推山
17. 黑熊漫步
18. 黑熊献拳
19. 黑熊扑肘
20. 黑熊缠肘
21. 黑熊晃树
22. 闭门推月
23. 回身盖掌
24. 收势

（二）动作图解

1. 起势

从立正开始。屈膝蹲身，双拳按于腹前，右臂外旋拧裹，当拳心向上时向面前出钻拳。上左步成三体步；同时左拳变掌，掌心向下，向胸前劈打，右拳变掌，按于腹前。气沉丹田，目视前方。（图 15–1）

要点：精神贯注，要劈出整劲，为熊形的练习做准备。

图 15–1

2. 黑熊推掌

（1）退左步，屈膝蹲身成马步；同时左臂外旋拧裹，当左掌掌心向上、右掌掌心向前、手指向上时，贴着左前臂向前推出，左掌落至右肘下。目视前方。（图 15–2）

（2）右臂外旋拧裹，左臂内旋拧裹，当右掌掌心向上、左掌掌心向前、手指向上时，左掌贴右前臂之上向前推出，右掌落至左肘下。目视前方。（图 15–3）

（3）左臂外旋拧裹，右臂内旋拧裹，当左掌掌心向上、右掌掌心向前、手指向上时，右掌贴左前臂之上向前推出，左掌落至右肘下。目视前方。（图 15–4）

要点：练此式时，双掌五指要分开，全掌灌满气力，慢慢向前推掌，气沉丹田，推出全身之力。

图 15–2

图 15–3

图 15–4

3. 黑熊卧枕

（1）上右步，足尖里扣成扣步；同时右臂屈肘，右手握拳，拳面向下，置于右大腿上方，右臂下竖时，边内旋拧裹，边向裆前横格，左手置于腹部右前方。目视右臂动作。（图 15–5）

（2）向右前方上右足成半弓步；同时右臂外旋拧裹，当拳心向上时，右拳随着向右倾身的动作向右额前上方伸出，左手置右肘下，目视右拳动作。（图 15–6）

（3）上左步成扣步；同时左臂屈肘，左手握拳置于边内旋拧裹，边向裆前横格，右拳置于腹部右前方。目视左臂动作。（图 15–7）

（4）向左前方上右足成半弓步；同时左臂外旋拧裹，当拳面向上时，左拳随着向左倾身的动作向左额前上方伸出，右拳沉于左肘下。目视左拳动作。（图 15–8）

图 15–5

图 15–6

图 15–7

图 15–8

要点：伸拳时要用螺旋劲，并含沉肩坠肘之沉劲。同时要侧头，仿佛以头卧于前臂之上，故名“黑熊卧枕”。随后，再接练右、左两个“黑熊卧枕”。

4. 黑熊靠树

稍撤右足成三体步；同时右臂屈肘，用右肘和右肩向前撞打，左拳置于腹前。目视右肩。（图 15–9）

要点：撞肘时要向左拧身，借助腰力撞打。可用肩撞，也要借助腰力撞打。

5. 黑熊推山

（1）向身后撤右步，跟撤左步成三体步；同时双拳变掌，双掌掌心向下，五指微屈分开，向胸前抓下。目视前方。（图 15–10 ）

（2）进左步，跟右步成三体步；同时双掌掌心向前，五指向上微屈分开如熊掌，向胸前推出。气沉丹田，目视前方。（图 15–11）

要点：步要沉稳有力，双掌推出要有力，仿佛黑熊用全身之力欲把山推倒。

图 15–9

图 15–10

图 15–11

6. 黑熊漫步

（1）上身要正，颈要直，向身后撤左步；同时双臂弯曲紧紧贴肋，左掌五指分开，五指弯曲，掌心向下抓挠，右掌成爪置于胸部右侧。目视前方。（图 15–12）

（2）向身后撤右步；同时左肘紧紧贴左肋。右腕弯曲，掌心向下，五指弯曲分开，向下抓挠。目视前方。（图 15–13）

要点：练此势时上身要正直，动作要慢。腿微屈，仿佛黑熊在直立行步。可一步、二步、三步、四步地退，随后一步、二步、三步、四步地进，要表现出黑熊的笨拙及憨态。进步仍是用同样动作。

图 15-12

图 15-13

7. 黑熊献拳

（1）上左步，足尖里扣成半弓步；同时向右拧身，双手握拳，拳心向内，拳面向上，在面前向上钻出。抬头目视。（图 15-14）

（2）向身前上右步，足尖里扣成半弓步，双拳抽至腹前；同时向左拧身，双拳拳心向内，拳面向上，经胸前在面前向上钻出。抬头仰视。（图 15-15）

（3）向身前上左步，足尖里扣成半弓步，双拳抽至腹前；同时向右拧身，双拳拳心向内，拳面向上，经胸前在面前向上钻出。抬头仰视。（图 15- 16）

图 15-14

图 15-15

图 15-16

要点：出拳时要拧身，要仰视，拳拳有力，仿佛黑熊发现雄鹰在天空盘旋，忙出拳防护，并欲抓住雄鹰，撕个粉碎，故名“黑熊献拳”。进步时，腿要屈，动作要沉稳有力。

8. 黑熊扑肘

双足不动，步形不变，向下坐身；同时右臂内旋翻转，当拳心向下时，屈肘，用右肘向前扑打，啪的一声，扑打在左掌掌心内。气沉丹田，目视前方。（图 15–17）

要点：要拧身，借助腰力扑肘，力在肘部。

9. 黑熊缠肘

双臂屈肘，前臂在胸前外旋拧翻，双臂互换位置。当翻成左臂在上时上左步，跟右步成三体步；同时左臂屈肘，用左肘尖向胸前下砸，右拳置左肘下。目视前方。（图 15–18）

要点：以上动作要连贯，一气呵成。要气沉丹田，力在肘尖。

图 15–17

图 15–18

10. 黑熊晃树

（1）上右足，跟左足成马步；同时右拳变掌，虎口向上，自腹前向面前横打，左拳变掌置于腹前。目视前方。（图 15–19）

（2）马步不变，左掌掌指向前，虎口向上，自腹前向面前横打，右掌收于腹前。目视前方。（图 15–20）

（3）马步不变，双足扎地，双掌掌心相对，在胸前左右抖打，力在手掌。气沉丹田，目视前方。（图 15–21）

要点：练此势时，双足要扎地，双掌要随上身的左右晃动而晃动，要用腰劲、臂劲，打出弹抖劲，就像黑熊一生气，双掌把大树一抱，左右摇晃，恨不得把大树扳倒。

图 15-19

图 15-20

图 15-21

11. 闭门推月

（1）向左转身 90°，上左步，足尖外展 45°，屈膝坐身；同时左臂外旋拧裹，左掌掌心向前，掌指向下，向前推出，右掌按于腹前。目视前方。（图 15-22）

（2）向身前上右步，屈膝坐身；同时右臂外旋，右掌掌心向前，掌指向下，向前打出，左掌按于腹前。目视前方。（图 15-23）

（3）向左转体 180°，上左步，足尖外展，屈膝坐身；同时左臂外旋拧裹，左掌掌心向前，掌指向下，向前推出，右掌按于腹前。目视前方。（图 15-24）

图 15-22

图 15-23

图 15-24

（4）向身前上右步，屈膝坐身；同时右臂外旋，右掌掌心向前，掌指向下，向前推出，左掌按于腹前。目视前方。（图 15-25）

（5）向左转体 90°，上左步，足尖外展，屈膝坐身；同时左臂外旋拧裹，左掌掌心向前，掌指向下，向前推出，右掌按于腹前。目视前方。（图 15-26）

（6）向身前上右步，屈膝坐身；同时右臂外旋，右掌掌心向前，掌指向下，向前推出，左掌按于腹前。目视前方。（图 15–27）

图 15–25

图 15–26

图 15–27

要点：手掌推出时要气沉丹田，沉肩坠肘，打出“寸劲”。要双足扎地，坐身，五指分开，打出沉厚之力。

12. 回身盖掌

全身跃起转体 180°，当双足落地时，双掌掌心向下，右掌在前，左掌在后，自身后向身前全力拍下。气沉丹田，目视前方。（图 15–28）

要点：落足、拍掌要同时完成，手脚齐到方为真。双掌手指分开，手指微屈，向下拍出浑身之力，仿佛一下子能把顽石拍个粉碎。

图 15–28

13. 黑熊推掌 ~23. 回身盖掌

动作同 2. 黑熊推掌 ~12. 回身盖掌 。

23. 收势

（1）上左足并步，屈膝蹲身；同时双手握拳，徐徐沉于腹前，气沉丹田，目视前方。（图 15–29）

（2）起身立正，全身放松，双拳变掌，手指向下，自然垂于身体两侧。目视前方。（图 15–30）

要点：精神贯注，松静自然。

图 15-29

图 15-30

附：李洛能十二形讲义

夫十二形者，本诸天地化生而来也，曩昔本为十形，原属天干气数也，后者扩为十二形，原属地支气数也。干数十，地数十二。盖天之中数五，故气原乎天者，无不有五，五气合一，一阴一阳，故倍之成十；地之中数六，故气之原乎地者，无不有六，六合为一，一阴一阳，故倍之成支，此十二形数之由来也。既有其数，而即取所谓动物之特能，成为十二形。

十二形者，龙、虎、猴、马、鼍、鸡、鹞、燕、蛇、鹘、鹰、熊是也。然诸物所具之特长及性能，人以身形物之形，物之意以人意悟之，此形意拳之命名之理源也。练之洁内华外，使人身体四肢百骸、五脏六腑、七表八里、九道十二经络，无闭塞之处，而百病也无发生之源，故拳中有四象、五行、六合、七政、八卦、九宫，而化取十二形，以气贯通十二经络是也。夫学者于形意十二形潜心玩索，洞明奇偶之数、阴阳之理，果无悖谬，久之不特强身，且能强种强国，故不可不勉力行之哉！

龙形讲义

龙者，水中最灵猛之物，在卦属震，为木，形本属阴，真阳物也。取诸于身而为离，属心，心属火，故道经有言："龙从火里出，又为云，云从龙。"龙之天性有蛰龙翻浪、升天之势、抖搜之威、游空探爪、缩骨之精，隐现莫测，取之于拳，则为龙形，此形精意，神发于目，威生于爪，劲起于承浆之穴，与虎形之气循环相接，两形一升一降，一前一后，以拳法运用之，外刚猛而内柔顺。形势顺，则心内虚空，而心火下降，心宽而智慧生，即道家火候空空洞洞是也；形势逆，筋络难舒，则身被阴火焚烧矣。

故曰：一波未定一波生，好似神龙水上行，忽而冲空高处跃，声光雄勇令人惊。

学者于此形当深心格致，久则道理自得矣。

虎形讲义

虎者，山中猛兽之王，在卦属兑，为金，取之于身而为坎，属水，为肾。坎生风，风从虎，虎之天性有离穴抖毛之威、扑食之勇，故道经有言："虎向水中生。"此形与龙形之势轮回相属，能通任开督，在丹经谓之水火相交而金木并，四象和合，取之于拳为虎形。此形之威力起于臀尾之劲（督脉），发动涌泉之穴，起落不见形，猛虎坐卧藏洞中。以拳之运用，外猛而内和。形势顺，则虎伏而丹田气足，能起真精补还于脑，道经云："欲得不老，还精补脑。"正是此形之要义也；形势逆，而灵气不能灌溉三田、流通百脉，反为阴邪所浸，而身重浊不灵空矣。

故曰：猛虎穴伏双抱头，长啸一声令胆惊，翻撳尾剪随风起，跳涧抖搜施威风。

学者最当注意，格务龙虎二形之理，得之身心，则谓之性命双修也。

猴形讲义

猴者，最灵巧之物也，性属阴土，取诸身内属脾，为心源，其性能有纵山跳涧飞身之灵，有恍闪变化莫测之巧，在拳用形，故取名为猴形。以拳言之，有封猴挂印之精，有偷桃摘果之奇，有上树之巧，有坠枝之力，辗转腾挪、神机莫测之妙。以形中最灵巧者，莫过于猴之为物也。

故曰：不是飞仙体自轻，若闪若电令人惊，看他一身无定势，纵山跳涧一片灵。

然练时，其拳形和，则身体轻便，快利旋转如风；拳形不和，则心内凝滞，而身也不能灵通矣。此拳之运用，与各形势不同，手法步法是一阴一阳，一反一正，先练为阴，回演为阳。学者于此形切不可忽略也。

左势封猴挂印，偷桃，献果，上树，顺水推舟，摘果，坠枝，大蹬枝，右挂印，爬杆，掐绳。

马形讲义

马者，最仁义之灵兽也，善知人心，有垂缰之义，抖毛之威，有蹪蹄之功，撞山跳涧之勇，取诸身内则为意，出于心源，故道云：名为马，意属脾，为土，土生万物，意变万象。以性情言之，谓之心源，以拳中言之，谓之马形，以拳法用之，有龙之天性，翻江倒海之威。拳外刚猛而内柔和，有心内虚空之妙，有丹田气足之形。拳势顺，则道心生，阴火消灭，腹实而体健；拳形不顺，则心内不能虚灵，而意忘气努，五脏失和，清气不能上升，浊气不能下降，手足也不能灵巧也。

故曰：人学烈马迹蹄功，战场之上抖威风，英雄四海扬威名，全凭此势立奇功。

学者于此形尤宜注意而深究之矣。

鼍形讲义

鼍者，水中之物，龙之种，身体最有力，而最灵敏者也，有浮水之能，有翻江倒海之力，取之身内为肾，以拳中之性能用其形，外合内顺，练之能消心君之浮火，助命门之相火，满肾水，活泼周身之筋络，化身体之拙气、拙力。拳势顺，丹田气足，而真精补还于脑，身轻如鼍之形，与水相合一气，而能浮于水面也；拳势逆，则手、足、肩、胯之劲必拘束，而全身也必不能灵活也。

故曰：鼍形须知身有灵，拗步之中藏奇精，安不忘危危自解，与人何事须相争。

正此之谓也。学者须加以细心研究，方不错谬也。

鸡形讲义

鸡者，最有智谋、性勇、灵性之物也，故晨能报晓，其性虽属禽，而功于陆离，性善斗，斗时皆以智取；口刚而能啄，两腿连环而独立，爪能抓，且能蹬；生威抖翎，能腾空；进退无时，往来无定，全身运用，随时生能。以拳之运用，力量最大，故取名为鸡形，取诸身内为脾，脾健则五脏充足。脾属土，土生万物，故鸡之性能有万法。

故曰：将在谋而不在勇，败中取胜逞英雄，试看鸡斗虚实敏，才知羽化有灵通。

拳势顺，则脾胃活，有羽化之功；拳势逆，则脾衰胃满，五脏失其调和。

学者宜虚心诚意格物致知，始得生化之道也。

鹞形讲义

鹞者，飞禽中最雄勇、灵敏之物也，其性能有翻身之巧，入林之奇，展翅之威，束身而抓物，且有钻天之勇性，取诸身内能收心脏之气；取之于拳，能舒身缩体，起落翻旋，左右飞腾，外刚内柔，灵巧雄勇，是为鹞子之天性也。形势顺，则能收先天之祖气，而上升于天谷泥丸；形势逆，则心努气乖，身体重浊，而不能轻灵也。

故曰：古来鹞飞有翱翔，两翅居然似凤凰，试观擒捉收放翅，武士才知这势强。

学者于此拳最当注意研究，灵光巧妙，方能有得，而终身用之不尽也。

鹞子回首，入林，入林捉雀，抖翅束身，钻天。

燕形讲义

燕者，禽之最轻妙、最敏捷者也，性有抄水之巧，钻天之能，飞腾高翔之妙，动转无声之奇，取诸于拳而为燕形，取诸身内则为肝肺。肝主筋，肺主皮毛，且气之机关也，气活则神清，百病不生，气有轻清之象，故拳中燕形能生轻妙之灵。形势顺，则筋络舒展，心内空虚，气顺而有上升、下降之能；形势逆，则气拘筋滞，身体重浊而不灵捷矣。

故曰：一艺求精百倍功，功成之路自然通，扶摇试看燕取水，才知男儿高士风。学者须细心研究矣。

束翅，燕子反首，右抖翅，回身左抖翎，钻天，抄水，束身，大展翅，束翅。

蛇形讲义

蛇者，最灵活之物也，其性能有拨草之巧，有缠绕之能，伸缩自如，首尾相应，取之身内为脾之阳，用之于拳能活动腰力、通身之骨节，故击首则尾应，击尾则首应，击身则首尾相应，其身有阴阳相摩之意。因蛇之灵活自如，故拳之命名为蛇形。练之形势顺，能起真精补还于脑，而神经充实，百疾不生；形势逆，则身体也不灵活，心窍也不开朗，反为浊气所束滞矣。

故曰：从来顺理自成章，拨草能行逞刚强，蛇形寄语人学会，水中翻浪细思量。学者于此形当勉力求之，灵光巧妙得之于心身，则终身用之不尽也。

白蛇吐信，白蛇缩身，白蛇抖身。

鹘形讲义

鹘者，性最直率，而无弯曲灵巧之禽也。天性有竖尾上升、超达云际之势，下落两掌有触物之形，取之于身内，而能平肝益肺，实为肝肺之股弦。故以拳形一起一落，如雷奔电；以尾之能，如迅疾风变。以性情言之，外猛内柔，有不可言喻之巧也。形势顺，则舒肝固气，实腹而生道心；形势逆，不特全身淤滞，而气也不灵通矣。

故曰：鹘形求精百倍明，鹘凭收尾得彻灵，放他兔走几处远，起落就教性命倾。学者明晰斯理，真道得矣。

鹰形讲义

鹰者，禽中最猛、最狠之物也。其性瞥目能见细微之物，放爪能有攫获之精，其性外阳内阴，取诸身内，能起肾中真阳，穿关透体，补还于脑，形之于拳，能抑心火，滋肾水。形势顺，真精化气，通任开督，流通百脉，灌溉三田，驱逐一身百窍之阴邪，涤荡百脉之浊秽；形势逆，则肾水失调，阴火上升，目生云翳也。

故曰：英雄处世不骄矜，遇便何妨一学鹰，最是九秋鹰得意，擒完狡兔便起升。学者于此形加意焉。

熊形讲义

熊者，物之最钝笨者也，性直不屈，而力最猛，其形极威，外阴而内阳，取诸身内，能助脾中真阴，消化饮食，透关健体，使阴气下降，补还丹田。形之于拳，有竖项之力，斗虎之猛，如与鹰形相合演之，气之上升而为阳，气之下降而为阴，谓之阴阳相摩，亦谓鹰熊斗志，总之不过一气之伸缩。前龙形、虎形，单演为开，此二形并演为合。

故曰：行行出洞老熊形，为要放心胜不伸，得来只争斯一点，真情寄语有情人。

学者明了十二形开合之理，可以入道修德矣。

刘敬儒指导弟子演练形意拳

指导弟子刘玉强演练三体式

指导弟子李胜利演练龙形

刘敬儒演练形意拳杂式捶

第四章 形意拳单练套路

八式拳

一、八式拳

（动作演练：陆瑶）

八式拳是形意拳中的一个传统套路。因其内容与动作组合不同而产生出不同的练法，所以名称也不尽一样，如鹞形八式、龙形八式、连环八式等，其中以鹞形八式流传较广。本套路取鹞形之入林、马形之野马撞槽、鸡形之独立和食米、鹘形之亮翅和望眉展甲等动作组成，是比较复杂的综合套路，也是从初学到提高的必经之路。

（一）动作名称

1. 鹞子束身
2. 鹞子入林
3. 野马撞槽
4. 青龙出水
5. 黑虎入洞
6. 金鸡独立
7. 金鸡食米
8. 猛虎坐窝
9. 鹞子入林
10. 蛰龙出现
11. 龙虎相交
12. 黑虎入洞
13. 白鹤亮翅
14. 跳步入林
15. 望眉展甲
16. 鹞子回身

17. 鹞子入林
18. 野马撞槽
19. 青龙出水
20. 黑虎入洞
21. 金鸡独立
22. 金鸡食米
23. 猛虎坐窝
24. 鹞子入林
25. 蛰龙出现
26. 龙虎相交
27. 黑虎入洞
28. 白鹤亮翅
29. 跳步入林
30. 望眉展甲
31. 鹞子回身
32. 鹞子束身
33 鹞子入林
34. 收势

（二）动作图解

1. 鹞子束身

从立正开始。两掌由体侧上举，随之前臂内旋，双掌掌心向下，向体前落下，双掌变拳置于脐前两侧，同时两腿屈膝坐身。目视前方。（图 16–1）

要点：两手落于腹前时，两肘要贴肋，头要上顶，肩要下垂，气沉丹田，两胯要抱，腰要塌住，不要撅臀。

2. 鹞子入林

（1）右脚向体左进步，脚尖外展，两腿屈膝成歇步。双腕交叉，双拳同时向前方打出，拳眼向上。目视右拳。（图 16–2）

（2）左脚前进一步，同时左拳向前打出，拳眼向上，高与胃脘齐，右拳收回腹前，目视左拳，成顺步左崩拳式。（图 16–3）

图 16–1

图 16–2

图 16–3

（3）右脚向前进步，落于左脚前方，左脚随势跟进，附于右脚内踝。右拳由左拳之上向前崩出，与腹同高。目视右拳，成提步右崩拳式。（图 16-4）

（4）左脚向前进一步，右脚随之跟进半步，同时右拳上钻并向上架起，置于头顶右上方，拳心向外；同时左拳向前打出，拳眼向上，高与胸齐。目视左拳，成左顺步炮拳式。（图 16-5）

要点： 鹞子入林共有四个动作，三崩一炮要连贯，一气呵成。

图 16-4

图 16-5

3. 野马撞槽

收右腿，并步屈膝，左臂内旋，左手向下搬扣，横肘置于体前，拳心向下，双腕交叉。同时右拳从腹前起，经左臂之上向前打出，拳心向下，高与胸齐。目视右拳。（图 16-6）

要点： 右拳打出时，要有向前下方栽击之力，如同马之疾蹄。

4. 青龙出水

右脚向斜后方撤一步，脚尖向外，随之左脚撤至右脚后方，脚尖向前，左膝抵在右膝后，同时左拳从右肘下向面前拧钻打出，拳心向上，右拳置于腹前。目视左拳，成左横拳式。（图 16-7）

要点： 横拳打出要与左脚撤步同时到位。左拳向前拧钻的同时右拳要用力向下压裹，肘部贴肋，重心在两腿之间，腿部要夹，步要剪，胯要抱。

5. 黑虎入洞

右脚向前进一步，左脚随势跟进半步，成三体步；同时右拳从腰间向前崩出，拳眼向上，高与胸齐，左拳收回腹前，拳心斜向上。目视右拳，成顺步崩拳式。（图 16-8）

要点：右拳一定要顺着左肘之下向前崩出。肩要沉，腰要拧，拳出而顺，裆要圆，圆裆以固胯。

6. 金鸡独立

右腿屈膝，左足提起并步，右拳向前拧裹钻出，随之将钻出的右拳向下捋带收回腹前变掌，左拳变掌向前劈出，掌心向下，高与胸齐。目视左掌。（图 16–9）

要点：动作要连贯，不要停顿。左掌劈出要与并步同时完成，动作协调一致，劲力整齐统一。

图 16–6　　图 16–7　　图 16–8　　图 16–9

7. 金鸡食米

左掌不动，右掌变拳置于腹前，左脚向前进一步，随之右脚前进与左脚并步；同时右拳从左掌之下向前下方崩出，拳眼向上，左掌附于右腕上。目视右拳。（图 16–10）

要点：崩拳要与右脚并步同时到位。劲力要整。

8. 猛虎坐窝

两前臂外旋，右脚向后撤半步，左脚随撤，后坐时两脚脚跟同时着地；同时两手成掌，掌心向上，向腹部迅速沉砸。沉肩坠肘，气沉丹田，目视前方。（图 16–11）

要点：撤步与两手沉砸要同时到位，后坐时丹田要聚，劲力要整，气宜鼓荡，日久丹田自然充实。

9. 鹞子入林

左脚前进一步，右脚随之跟进半步，成三体步；同时双拳变掌，右前臂翻转架起，置于头右上额前，拳心向外。左拳向前打出，拳眼向上，高与胸齐。目视左拳，成顺步左炮拳。（图 16–12）

图 16–10

图 16–11

图 16–12

要点：左脚进步、右拳架起、左拳打出，三个动作同时到位，整齐一致。

10. 蛰龙出现

左脚前进一步，右脚随之跟半步；同时右拳向前崩出，拳眼向上，高与胃脘齐。左拳随之收回腹前，拳心斜向上。目视右拳，成拗步右崩拳式。（图 16–13）

要点：右崩拳打出时，腰向左拧，两肩要沉，肘要坠，拳要握紧，坚实有力。

11. 龙虎相交

接前式，左腿支撑，右腿屈膝提起向前蹬出，高与胸齐；同时左拳向前崩出，拳眼向上，高与胸齐，右拳随之收回腹前。目视前方。（图 16–14）

要点：蹬出之腿要与左崩拳同时到位，力达脚跟。

图 16–13

图 16–14

12. 黑虎入洞

接前式，蹬出之右足向前落地，左腿随势跟进，成三体步；同时右拳从腹部向前崩出，拳眼向上，高与胃脘齐，左拳收回腹前。目视右拳，成顺步右崩拳。（图16–15）

要点：右崩拳与右脚要同时到位，头顶竖项，沉肩坠肘，落步要稳，出拳要有力。

13. 白鹤亮翅

（1）右足尖内扣，向左转身90° 成马步，双手前臂内旋，屈肘向外格拦，拳面向下。目视右前方。（图16–16）

（2）两拳交叉向上架起，随之向两侧分开，双臂屈肘成弧形，自上向下各画半圈，拳心向上，脚步不动。目视前方。（图16–17）

图16–15

图16–16

图16–17

要点：两拳下落腹前时，两肘要紧贴两肋，拳与前臂要向内裹抱，肩要沉，肘要屈，腰要塌，气要沉，丹田要聚，劲力要整。

14. 跳步入林

两脚同时跳起，向右侧转体90° ，左脚向前，右脚外摆45° ；同时右拳置于右额上方，拳心向外，左拳随之向前崩出，拳眼向上，高与胸齐。目视前方，成左顺步炮拳式。（图16–18）

要点：两腿落地时要准确稳健，落地有声，劲力整齐，要打出爆炸力。

图16–18

15. 望眉展甲

（1）右脚向前进一步成右弓步；同时右拳由腹部向上钻出，拳心向上，高与眉齐。目视右拳。（图 16–19）

（2）重心移动成弓步，左拳由右肘下屈肘向上架起；同时右拳以肘关节为轴，向内翻下，拳心向外，向体右打出，高与肋齐。目视右拳。（图 16–20）

（3）右拳从右下方向身左打出，随之再由身左向体右平肘顶击，力达肘尖，左拳随之落下，置于腰侧；同时身体随之右倾成右弓步。目视右肘方向。（图 16–21）

要点： 右钻、翻击、横肘三个动作要协调连贯，劲力顺达，一气贯通。身体随动作而倾斜，互相配合，协调一致，保持身体的稳定性，使姿势与劲力达到统一。

图 16–19

图 16–20

图 16–21

16. 鹞子回身

左转回身上左步，左拳随着身体的左转，顺着左腿内侧，向前崩出，拳眼向上，右拳置于腹前。目视左拳，成顺步左崩拳。（图 16–22）

要点： 左拳崩出要与转身同时到位，要头顶竖项，塌腰坐胯，沉肩坠肘，劲力饱满。

图 16–22

17. 鹞子入林 ~31. 鹞子回身

动作同 2. 鹞子入林 ~16. 鹞子回身 。

32. 鹞子束身

接前式，右脚提起向前迈进一步，脚尖外展，左膝抵在右膝后成歇步；同时左前臂内旋向内翻扣，拳心向内，屈肘横于体前。同时右拳经左前臂上向前崩出，拳眼向上，高与脐平。目视右拳。（图 16–23）

要点：右脚向前迈进时，保持身体高度不变，逐渐将重心移至左腿，再迈进右脚，歇步定势，两腿要夹，重心要稳。

33. 鹞子入林

左腿向前迈进一步，右脚跟进半步，成三体步；同时右拳由胸前上钻，然后屈肘向上翻转架起，置于右额上方。左拳随之向前崩出，拳眼向上，高与胸齐。目视前方，成顺步左炮拳。（图 16–24）

要点：起身进步与打出左炮拳要同时完成，手脚齐到，劲力整齐一致。

34. 收势

接前式，两拳同时由胸前落下，收回腹前，拳心向下，两拳相对；同时右脚跟进与左脚并步，头顶竖项，沉肩坠肘，随之立正收势。目视前方。（图 16–25）

要点：收势动作要缓慢庄重，身体平稳，松静自然。

图 16–23

图 16–24

图 16–25

杂式捶

二、杂式捶

（动作演练：孙汝贤）

杂式捶包括形意拳的基本拳式和手法，内容比较丰富，结构比较严谨。它主要流传于山西和河北形意拳流派中。杂式捶又名“五行十二形合演”，但此套路中并未完全包括十二形的所有内容。

相传此套路始称“螳螂闸势”。据说在戴龙邦创立心意六合拳时，螳螂拳名家金世魁与戴龙邦相交甚密，共同研究武学，后取长补短相互融合，共创一拳，即为螳螂闸势（共五趟），现在在山西心意六合拳体系中依然有五趟螳螂闸势。另外在心意六合拳体系“七小形”中，列于首位的便是螳螂形。起为螳螂手，落是螳螂闸势，取其起推落阻、起落不空之意。在形意拳杂式捶中，也有一些手法与螳螂拳手法相近。

这趟杂式捶是河北形意拳中的一种练法。虽然各地练法各有不同，但总体上大同小异，主要由劈拳、崩拳、钻拳、炮拳、横拳和龙形、虎形、马形、鸡形、燕形、鹞形、鹘形，加上白鹤亮翅、推窗望月、风摆荷叶、乌龙倒水等动作组合组成。通过杂式捶的练习，可以使对形意拳的认识和功夫水平得到进一步的提高。

（一）动作名称

1. 起势
2. 鹞子入林
3. 虎洗脸
4. 乌龙倒水
5. 蛰龙出现
6. 黑虎入洞
7. 白鹤亮翅
8. 鹞子入林
9. 鹞子入林
10. 虎洗脸
11. 乌龙倒水
12. 燕子抄水
13. 燕子衔泥
14. 黑虎入洞
15. 白鹤亮翅
16. 鹞子入林
17. 鹞子入林
18. 虎洗脸
19. 乌龙倒水
20. 青龙探爪
21. 虎扑
22. 推窗望月
23. 三盘落地
24. 懒龙卧道
25. 鹞子入林
26. 龙虎相交

27. 白鹤亮翅
28. 鹞子入林
29. 鹞子入林
30. 虎洗脸
31. 乌龙倒水
32. 蛰龙出现
33. 黑虎入洞
34. 风摆荷叶
35. 望眉斩甲
36. 鹞子入林
37. 收势

（二）动作图解

1. 起势

从立正开始。屈膝蹲身，双手握拳，自身体两侧向胸前提起，再向腹前徐徐下落。目视前方。（图 17–1）

要点：动作要缓慢，精神要集中，做好“鹞子入林”的准备。

图 17–1

2. 鹞子入林

（1）右腿向体左侧前进一步，与左腿交叉，屈膝下蹲成歇步。同时右拳拳眼在上向体前崩出。此时左拳落在右肘下，成斜身式，名“鹞子束身”。目视前方。（图 17–2）

（2）上左步成三体步；同时左拳拳眼在上自左臂下向前崩出，高与胸齐，右拳置于腹前。目视前方。（图 17–3）

（3）上右步成三体步；右拳拳眼在上自右臂上向前崩出，左拳置于腹前。目视前方。（图 17–4）

（4） 上左步成三体步；同时右臂内旋拧裹，拳心向外向右额前架起，左拳拳眼在上向胸前崩出，成顺步炮拳。气沉丹田，目视前方。（图 17–5）

要点：三个崩拳和一个炮拳动作要连贯，一气呵成，出拳要沉实有力，打出暗刚之劲。

3. 虎洗脸

（1）向身后退左步成三体步；同时双拳变掌，右臂外旋拧裹向左掩肘，当右掌掌心向面部时，左臂横前臂下搂，落于腹前。目视前方。（图 17–6）

（2）向身后退右步成三体步；同时左臂外旋拧裹向右掩肘，当左掌掌心向面部时，右臂横前臂下搂，落于腹前。目视前方。（图 17–7）

（3）向身后退左步成三体步；同时右臂外旋拧裹，掌指向上向左掩肘，当右掌掌心向面部时，左臂横前臂下搂，落于腹前。目视前方。（图 17–8）

（4）向身后撤右步成三体步；同时左臂外旋拧裹，掌指向上向右掩肘，当左掌掌心向面部时，右臂横前臂下搂，落于腹前。目视前方。（图 17–9）

要点：掩肘时要以腰为轴拧身，力在前臂。下搂时要气沉丹田，沉肩坠肘，小指有下抓之力，有下沉之势。四个虎洗脸要连贯，但又不可轻快浮飘，如动作轻浮就不是虎洗脸，而是猫洗脸了。

图 17–2

图 17–3

图 17–4

图 17–5

图 17–6

图 17–7

图 17–8

图 17–9

4. 乌龙倒水

（1）上右步成三体步，双掌变拳，右拳拳心向上向面前钻出，左拳再钻出，右拳再钻出，连钻三拳，速度要快，一气呵成。目视前方。（图 17–10）

（2）向身后退左步，稍撤右足成虚步；同时右臂内旋拧裹，屈肘横前臂向头上架起，左拳拳心向上落于腹前。目视前方。（图 17–11）

（3）上右步，跟左步成三体步；同时右臂外旋，当右拳拳眼向上时，向胸前砸下，左拳仍置腹前，又名“单展翅”。气沉丹田，目视前方。（图 17–12）

要点：三钻拳要快捷，下砸要沉实有力，上下要协调，手足要配合，劲力要整齐，手脚齐到方为真。

5. 蛰龙出现

（1）进右步，跟左步成崩拳步；同时左拳拳眼向上，自右臂上向胸前崩出，右拳收于腹前。气沉丹田，目视前方。（图 17–13）

要点：左拳崩出时要向右拧身，用腰助力，打出沉实的暗刚之力。

图 17–10　图 17–11　图 17–12　图 17–13

6. 黑虎入洞

进右步，跟左步仍成崩拳步；同时右拳拳眼向上，拧腰助力，向胸前崩出，左拳收于腹前。目视前方。（图 17–14）

要点：“蛰龙出现”与“黑虎入洞”就是左右两个崩拳。出拳时要手脚齐至，打出整劲。

7. 白鹤亮翅

（1）右足尖内扣，左转身成半马步；同时双臂内旋拧裹，拳面向下，在身体两侧向外格挡，力在前臂外沿。目视右前方。（图 17–15）

（2）双拳向内，双臂在腹前交叉，随之双拳变掌，双臂内旋拧裹，当掌心向内时，向面前交叉架起。目视右前方。（图 17–16）

（3）右转身，收右足成并步，屈膝蹲身震步；同时双臂外旋拧裹，双手握拳，向身体两侧弧线下落，啪的一声，右拳砸在左拳心内。气沉丹田，目视前方。（图 17–17）

要点：动作要协调刚健，双足并步时要震脚，与右拳砸在左拳心内一齐发出响声，形成一个整劲。

图 17–14　图 17–15　图 17–16　图 17–17

8. 鹞子入林

向右前方上右步，跟左步成三体步；同时右臂内旋拧裹，当右拳拳心向外时向右额前立起，左拳拳眼向上，向胸前崩出，成拗步炮拳。目视前方。（图 17–18）

要点：右拳立起与左拳崩出要同时完成。右拳立起时，前臂不可成横，肘尖不可向外掀，仍要沉肩坠肘、气沉丹田。

9. 鹞子入林

（1）撤右步，提左足成并步；同时双臂外旋拧裹，当拳心向上时，向腹前砸下，震脚发声，方显刚健整齐。目视前方。（图 17–19）

（2）向身体左前方上左步，跟右步成三体步；同时双臂内旋拧裹，当左拳拳心向外时，向左额前立起，右拳拳眼向上向胸前崩出，成顺步炮拳。目视前方。（图 17–20）

图 17–18　图 17–19　图 17–20

要点：以上两个“鹞子入林”实际就是两个炮拳。打炮拳时右拳的上立，不是去挡架敌人。挡架是形意拳之忌。拳经云：“不招不架，如犯招架就是三下。”意思是说，形意拳讲究不挡架，如果犯了挡架了，人家就连续打你三下，自己就手忙脚乱，处于被动之中了。

10. 虎洗脸 ~11. 乌龙倒水

动作同 3. 虎洗脸 ~4. 乌龙倒水。

12. 燕子抄水

（1）左足屈膝提起成右独立步；同时双拳变掌，右臂内旋拧裹，当翻成掌心向上时向头顶上方托起，左臂内旋拧裹，当掌心向下时向腹前按下，名“燕子钻天”。日视前方。（图 17–21）

（2）向身前上左足成仆步；同时双臂内旋拧裹，当掌指向前时分别向身体前后插出，右手在身后向上插，左手沿左腿外侧插至足面。目视左掌。（图 17–22）

（3）起身成右弓步；同时双臂外旋拧裹，当掌心向面时在面前交叉，仿佛燕子剪形的尾巴。目视双手。（图 17–23）

图 17–21

图 17–22

图 17–23

（4）双臂内旋拧转，当掌心向外时，身体向右倾；同时双掌向身体前后拉开，右掌展开至右额前，左掌伸至左腿之上。目视左前方。（图 17–24）

（5）收右足并步，左转身，屈膝蹲身；同时双掌掌心向前，掌指向下，向前撩出，名“燕子抄水”。气沉丹田，目视前方。（图 17–25）

要点：以上五个动作要协调连贯，一气呵成。动作要矫健，身法要轻快。撩掌时要沉肩坠肘，打出寸劲。

13. 燕子衔泥

上左步成三体步；同时双手握拳，左拳拳心向下自右拳上向前下方栽打，右拳收于腹前。目视左拳动作。（图 17–26）

要点：要沉肩坠肘，气沉丹田，左拳向下栽出时要快、要刚、要猛。

图 17–24

图 17–25

图 17–26

14. 黑虎入洞 ~19. 乌龙倒水

动作同 6. 黑虎入洞 ~11. 乌龙倒水。

20. 青龙探爪

（1）左足屈膝提起成右独立步；同时双拳变掌，右臂外旋拧裹，当掌心向上时收于腹前，左臂内旋拧裹，当掌心向下时，自左臂上用小指外沿向胸前横切。目视前方。（图 17–27）

要点：提膝、提足要敏捷，左掌切出与提足同时完成。劲力要整，动作干脆利索。

21. 虎扑

（1）落左足成三体步；同时左掌翻掌，右掌掌心向下推至左肘之上。目视前方。（图 17–28）

（2）双臂外旋，掌心向上收于腹前，随之上左步，跟右步成三体步；同时双臂内旋，当双掌掌心向下、掌指向前时，向胸前扑出。气沉丹田，目视前方。（图 17–29）

要点：脚趾抓地，提肛溜臀，沉肩坠肘，气沉丹田，双手扑出丹田劲。

图 17-27

图 17-28

图 17-29

22. 推窗望月

（1）向右转体，向身后撤右足，跟左足成马步；同时左臂外旋拧裹，左掌掌心向上，右臂内旋拧裹，右掌掌心向外，双掌成捋带姿势向体右捋带。目视左前方。（图 17-30）

（2）向身左横上左足，跟右足成马步；同时左臂内旋拧裹，当左掌掌心向外时向身左撑起，右掌掌心向前，掌指向上，向左前方推出。目视左前方。（图 17-31）

要点：双手捋带与推窗望月要连贯，要气沉丹田，推出之力要沉厚。

23. 三盘落地

马步不变。双臂外旋拧裹，当双掌掌心向胸部时，双臂交叉向胸前合掩，随之再左前方横移左足，跟右足仍成马步；同时双臂内旋拧裹，双掌掌心向外向身体两侧按出。目视左前方。（图 17-32）

图 17-30

图 17-31

图 17-32

要点： 两掌按出时臂不可直，要圆屈，要沉肩坠肘，气沉丹田，要按出沉劲、内劲，力在掌根。

24. 懒龙卧道

右足前进一步，足尖外展，两腿膝部交叉坐身成歇步；同时双手握拳，右拳拳眼向上向胸前崩出，左拳置右肘下。目视前方。（图 17–33）

要点： 歇步要低，崩拳与右足进步同时到位。

25. 鹞子入林

向身前上左步，起身成三体步；同时右臂内旋拧裹，当右拳拳心向外时，向额上立起，左拳拳眼向上向身前崩出。气沉丹田，目视前方。（图 17–34）

要点： “鹞子入林”实际上是顺步炮拳，要做到手脚齐到方为真。

图 17–33

图 17–34

26. 龙虎相交

（1）上左步，跟右步成崩拳步；同时左拳落于腹前，右拳拳眼在上向胸前崩出，成拗步崩拳，又名“蛰龙出现”。目视前方。（图 17–35）

（2）重心移于左腿，右腿屈膝提起向胸前蹬出，足尖向上，力达足跟；同时右拳收于腰间，左拳拳眼朝上向胸前崩出，与右足贴近，故名“龙虎相交”。目视前方。（图 17–36）

（3）落右足成三体步；同时左拳收于腰间，右拳拳眼朝上，由胸前崩出，成顺步崩拳，名“黑虎入洞”。目视前方。（图 17–37）

要点： 崩拳称虎，起腿为龙，故名“龙虎相交”。落步起腿与崩拳要协调一致。崩拳时一定要以腰助力。

图 17-35

图 17-36

图 17-37

27. 白鹤亮翅 ~33. 黑虎入洞

动作同 7. 白鹤亮翅 ~11. 乌龙倒水、5. 蛰龙出现 ~6. 黑虎入洞。

34. 风摆荷叶

（1）左转身，向左上右步，足尖外展，双膝贴拢成交叉步，向下坐身；同时双拳变掌，自左经胸前弧线向右劈出，右掌在前，左掌在后。目视右掌，名“风摆荷叶”。（图 17-38）

（2）再向身左上右步，横足，与左膝交叉成交叉步；同时双掌又经身左、身前向身后弧线劈下。目视双掌动作。（图 17-39）

（3）再向身左上右步成交叉步；同时双掌又经胸前呈弧线向身后劈下。目视双掌动作。（图 17-40）

图 17-38

图 17-39

图 17-40

要点：一共三个向身后的弧线劈掌，仿佛荷叶在摇摆，故名“风摆荷叶”。以上动作要连贯协调，一气呵成，气沉丹田，力在小指外沿。

35. 望眉斩甲

（1）向左上左步，左转身，再上右步成三体步；同时双掌变拳，左拳收于腹前，右拳拳心向上，向面前钻出，成顺步钻拳。目视前方。（图 17–41）

（2）移重心向下坐身成弓步；同时右臂内旋，屈肘，右拳拳心向下向腹前下翻，翻成拳心向外时向右侧打出，左拳架于额前。目视右拳。（图 17–42）

（3）重心左移，体左转，前倾成左弓步；同时右臂外旋拧裹，用拳心向腹前打出，啪的一声，左手变掌拍在右前臂上。目视前方。（图 17–43）

图 17–41

图 17–42

图 17–43

（4）重心右移，向右转体，身体前倾成右弓步；同时右臂内旋，屈肘，用肘尖向右顶出，名“肘打”。左掌变拳，置于左胯侧。目视右肘。（图 17–44）

（5）重心左移，体左转，上身正直，成三体步；同时右拳收至腹前，左拳先收至腹前，再向前打出。目视前方。（图 17–45）

图 17–44

图 17–45

要点：以上动作要连贯，一气呵成。身体左倾右倾变马步时要双足脚趾抓地，要灵活，以腰助力，打出刚健的沉实之力，双目要随拳势的变化而忽左忽右移视，身、手、眼、步要协调顺达。

36. 鹞子入林

（1）向身前上右步，双膝靠拢成歇步；同时右拳拳眼向上，向身前崩出，左拳架于右肘下。目视前方。（图 17–46）

（2）向身前上左步成三体步；同时右臂内旋拧裹，拳心向外向右额前立起，左拳拳眼在上向胸前崩出，成顺步炮拳。气沉丹田，目视前方。（图 17–47）

要点：手脚齐到方为真，左足、左拳、右拳要同时到位，打出整劲。

37. 收势

（1）上右足，与左足成并步，屈膝蹲身；同时双手握拳，徐徐沉于腹前。目视前方。（图 17–48）

（2）起身成立正姿势，全身放松，双拳变掌，手指向下，自然垂于身体两侧。目视前方。（图 17–49）

要点：精神集中，全身放松，松静自然。

图 17–46

图 17–47

图 17–48

图 17–49

（三）如何练好杂式捶

杂式捶是形意拳中重要的传统套路，练好杂式捶能使形意拳的功夫更上一层楼，杂式捶能代表形意拳功夫的深浅，所以我们一定要练好杂式捶。

如何练好杂式捶？下面浅谈几点供大家参考。

杂式捶是在五行拳、十二形练好的基础上学习的套路。所以，练习杂式捶时一定要做到“内三合”与“外三合”，内外合一，才能打出形意拳的风格和特色。

练习杂式捶时要打“整劲”。不是一味地打刚劲，也不可一味地打柔劲，应该是刚中有柔，柔中有刚，要刚有刚，要柔有柔，在刚柔相济中去追求明劲、暗劲和化劲。

杂式捶中有十二形的动作，所以必须做到象其形、取其意，形神合一。当练燕形动作时必须做到“抄水之精”，练习鹞形动作时必须做到“入林之巧”，练习虎形动作时必须做到“扑食之勇”。

杂式捶是技击套路，每个动作都具有攻防技能。所以练习杂式捶时要想象眼前有个对手，在互为攻防进行搏斗，所以不能有丝毫懈怠。要精神专注，要把每个动作的技击内涵打出来。当刚则刚，当柔则柔，当快则快，当慢则慢，当高则高，当低则低，当轻则轻，当重则重，当巧则巧，当灵则灵，当连环则连环，当停顿则停顿。要有节奏，要讲身法，要身似游龙，拳打重炮，气随心意随时用，硬打硬进无遮拦。

例如，起势时要精神贯注，如临大敌。练“鹞子入林”时要侧身而入，仿佛鹞子束翅，闪身入林，十分快速灵巧，所以三崩一炮要连续打出，仿佛用崩拳追打敌人，一拳比一拳快，突然向敌胸打出炮拳即“入林”了，把敌人打得仰面朝天。

练习“虎洗脸”时动作不要快，也不可轻飘，否则成了“猫洗脸”。虎是威猛的，因而“虎洗脸”中的下搂之手要有力，先是掩肘，随之下搂，一把把敌人之臂抓下来，另一手则砍向敌人之面。当然也可一势比一势快，仿佛敌人进攻十分凶猛，我不得不迅速退步掩护，但手臂中仍要含有内劲，在防守中随时反击敌人。

“乌龙倒水”中有三个钻拳，要动作连贯，快如闪电，拳经云“神仙怕三钻”，就是这快如闪电的特点。随之双臂上下横架，是既顾上又防下的“顾法”。右拳砸下去如霹雳击地，把敌人打翻在地。

练习“燕子啄泥”“燕子抄水”时，要把“抄水之精”练出来，要轻快，要敏捷。练习“风摆荷叶”时，身要正，腰要拧，步要灵，双手后摆要形象，仿佛荷叶随风摆动，身法舒展而飘逸。其他如“白鹤亮翅”等动作可参考“五行连环拳”的练法。

总之，认真地练，刻苦地练，用心领悟着练，一定会练出真功夫。

附录：时光掠影

刘敬儒先生近照（2018 年，82 岁）

刘敬儒先生与外国学生谈拳术

前排左起：昌沧、张耀庭、刘学勃、徐才、赵双进、张山；
后排左一：张汉文；后排左三：刘敬儒；后排左四：王世泉；后排左五：刘鸿池

前排左起：贾永安、杜金果、刘学勃、杨桐、贺全根、赵双进、徐才、毛新建、张有峰、骆大成、刘敬儒、牛宝贵

前排：刘敬儒与师弟付伟忠、徐守仁、李克仁；后排：弟子徐艳霞

前排左起：师兄王世祥、杨桐、李秉慈，弟子贾永安；
后排左二：刘敬儒；后排左三：师兄骆大成

深圳授课

与张道锦先生合影

指导弟子高韦演练炮拳

微信扫码　看视频

三体式	五行拳	五行连环拳	八式拳
龙形	虎形	猴形	马形
鼍形	鸡形	燕形	鹞形
蛇形	鹘形	鹰形和熊形	杂式捶